AF139707

Leo Tolstoi

Russische Bauern

Leo Tolstoi

Russische Bauern

ISBN/EAN: 9783743440234

Hergestellt in Europa, USA, Kanada, Australien, Japan

Cover: Foto ©ninafisch / pixelio.de

Weitere Bücher finden Sie auf **www.hansebooks.com**

Russische Bauern.

Von

Graf Leo Tolstoy.

❧

Deutsch von Ernst von Glehn.

Leipzig.
Verlag von Carl Reißner.
1887.

Inhalt.

Zwei Greise.

Evang. Johannis 4, 19—24.

I.

Zwei Greise hatten sich vorgenommen, Gott an den heiligen Stätten von Jerusalem anzubeten. Der Eine war ein wohlhabender Bauersmann; er hieß Jefim Tarassitsch Scheweleff. Der Andere war ein Bäuerlein von wenig Hab und Gut, Elisa Bodrow mit Namen.

Jefim war ein Mann von gesetztem Wesen, er trank keinen Branntwein, rauchte keinen Tabak, schnupfte nicht, hatte sein Lebtag kein garstiges Wort in den Mund genommen, hielt sich allezeit als Mensch von strengen Sitten und solidem Charakter. Zwei Termine hatte er als Aeltester gedient und war makellos aus dem Amt geschieden. Seine Familie gehörte zu den großen: zwei verheirathete Söhne mit Kindern — und alle zusammen in einem Haus. Aeußerlich war er eine stattliche Erscheinung, trug einen üppigen Vollbart, hielt sich stramm wie ein Soldat, hatte bei nahezu 70 Jahren nur einen

1

Schimmer von Silbergrau im Haar. — Elisa war ein Alterchen, so in der Mitte zwischen Reich und Arm, der in jüngeren Jahren auf Zimmermannsarbeit ausgegangen, gegen die alten Tage aber mehr und mehr daheim geblieben, um sich der Bienenzucht zu widmen. Einer von seinen zwei Söhnen suchte sein Glück in der Fremde, der andere war daheim. Elisa war ein Mensch von heiterem Sinn und gutem Herzen. Er trank gern ein Gläschen Branntwein, schnupfte Tabak und hatte Freude am Liedersang; doch er war ein friedfertiger Geselle, lebte immer mit Nachbarn und Hausgenossen in Liebe und Eintracht. Von Gestalt war Elisa ein Bäuerlein von mittlerem Wuchs, mit kupferbrauner Gesichtsfarbe, einem dunklen Krausbart und, — ebenso wie sein Namensheiliger, der Prophet Elisa — mit einer Glatze über den ganzen Schädel.

Schon längst hatten die Beiden sich's zugelobt und mit einander ausgemacht, daß sie zusammen pilgern wollten, doch immer wieder konnte Tarassitsch nicht loskommen, da ihn Geschäfte von mancherlei Art in Anspruch nahmen. Kaum war Eines erledigt, gleich gab's ein Anderes; einmal die Brautwerbung für den Enkel, dann das Erwarten seines Jüngsten von den Soldaten heim, oder die Noth, ein neues Nebenhaus zu bauen . . .

An einem Feiertag kamen die Alten zusammen, nahmen Seit' an Seite Platz auf einem Balken. „Wie steht's, Gevatterchen," nahm Elisa das Wort, „wann sollen wir uns aufmachen, das Gelöbniß zu erfüllen?"

Jefim runzelte die Stirn. „Wir müssen noch eine Weile uns gedulden," sagte er; „ich habe heuer ein schweres Jahr. Habe mir in den Kopf gesetzt, das neue Haus fertig zu bauen; ich meinte, so etwas über ein Hundert würde ich daran rücken, und jetzt geht es schon über das dritte hinaus. Und immer ist kein Ende ab= zusehen. Ich sehe wohl, daß ich vor dem Sommer nicht fertig werde. Doch wenn der Sommer da ist, geschehe Gottes Wille; dann wollen wir bestimmt auf die Reise gehen."

„Meines Erachtens," bemerkte Elisa, „sollten wir das Vorhaben nicht länger aufschieben gerade jetzt uns aufmachen. Der Frühling ist die beste Zeit."

„Die Jahreszeit ist freilich gut, aber das Werk ist angefangen — wie kann ich den Bau im Stich lassen?"

„Hast Du denn keinen Helfer? Dein Sohn soll das Werk weiter führen."

„Aber wie wird er es führen? Mein Aeltester ist kein zuverlässiger Mensch — er ist dem Trunk er= geben."

„Wir werden sterben, Gevatterchen, sie werden auch ohne uns weiter leben. Der Sohn will auch einmal versuchen, auf eigenen Füßen zu stehen."

„Wohl, Gevatter, aber ich habe keine Ruhe, wenn das Werk nicht unter meinen Augen vorgeht."

„Ach, lieber Bruder! Alle Werke wirst Du gewiß nicht zu Ende führen. Schau, ich will Dir ein Bild davon geben: jüngst scheuerten und putzten die Weiber in meinem Haus zum Feiertag, des Schaffens war kein

Ende; bald hier, bald dort gab es noch schön zu machen, alle Arbeit war nicht zu verrichten. Da bemerkte meine älteste Schwiegertochter (ein helles Köpfchen) treffend: „Gottlob, daß der Festtag heranrückt, ohne auf uns zu warten; denn wir," sagt sie, „würden ja bei allem Fleiß doch nie zu Ende kommen mit dieser Putzerei."

Das gab Tarassitsch zu denken. — „Viel Geld," sagte er nach einer Pause, „habe ich verausgabt für den Bau; und auf die weite Reise kann man ja nicht mit leeren Händen. Hundert Rubel sind keine Kleinigkeit."

Elisa lachte auf. „Laß Du von der Sünde, Gevatterchen," bemerkte er treuherzig. „An Hab und Gut hast Du zehnmal so viel, wie ich armer Schlucker. Und Du redest mir von dem Gelde. Sage Du nur, wann wir aufbrechen. Ich habe kein Geld, aber es soll mir nicht fehlen."

Jetzt zeigte Tarassitsch ein schalkhaftes Lächeln. „Schau, schau — auf einmal ein reicher Mann geworden," spöttelte er, „wo willst Du die Summe hernehmen?"

„Zuerst 'mal daheim ein wenig aufkramen — wird sich schon etwas finden; und wird das zu wenig sein — etwa zehn Bienenstöcke will ich dem Nachbar abtreten; er bittet mich schon lange darum."

„Es wird aber ein gutes Schwarmjahr geben, und es wird Dich gereuen . . ."

„Gereuen? Nein, Gevatterchen! In meinem ganzen Leben hat mich gar nichts außer meinen Sünden gereut. Nichts ist mir theurer als die Seele."

„Darin haſt Du wieder Recht, aber es thut uns doch weh, wenn es zu Hauſe nicht gut ſteht."

„Und wenn es in unſerer Seele nicht gut ſteht, da thut es noch mehr weh. Wir haben einmal das Ge= lübbe gethan — alſo gehen wir, wahrhaftig, gehen wir!"

II.

Eliſa hatte den alten Freund bekehrt. Stunden lang grübelte Jeſim in der Stille, und den andern Morgen kam er zu Eliſa.

„Wohlan, Gevatter," ſagt er, „ich bin bereit, Du haſt mir die Augen geöffnet. Leben und Sterben liegt ja in Gottes Hand. So lang wir noch rüſtig ſind und lebensfroh, ſollen wir pilgern."

Nach einer Woche machten ſich die Greiſe auf den Weg.

Jeſim Taraſſitſch hatte Geld genug zu Hauſe. Hundert und neunzig Rubel nahm er auf die Reiſe mit, zweihundert Rubel ließ er dem Weibe zurück.

Eliſa wurde auch gut fertig: er verkaufte ſeinem Nachbar zehn Bienenſtöcke, von der Ausſtellung weg. Auch junge Brut, ſoviel von zehn Stöcken zu gewinnen, ſollte der Nachbar haben. Für Alles nahm Eliſa ſiebzig Rubel. Die noch fehlenden dreißig Rubel ſammelte er daheim, von Jedem ein kleines Opfer bittend: ſein Weib gab ihm all ihr ſauer Erſpartes — es war für den Todesfall aufgehoben — die Schwiegertochter gab auch, was ſie hatte.

Jeſim Taraſſitſch gab alle Geſchäfte des Hauſes in die Hände ſeines Aelteſten: ſorglich that er ihm anbe=

fehlen, wo und wie viel zum Heumachen zu nehmen, wohin Dünger abzuführen, wie das Haus herzurichten, wie das Dach zu machen. Jedes Ding hatte er mit Fleiß bedacht. — Elisa hingegen legte nur seiner Alten an's Herz, daß sie von den verkauften Bienenstöcken die junge Brut gesondert lege, damit der Nachbar ohne Falsch das Seine erhalte. Ueber häusliche Angelegenheiten gab er ihr keinerlei Weisungen: aus den Sachen selbst, meint' er, sollst Du ersehen, was und wie man zu schaffen hat. Selbst einmal Herrin sein: Alles machen, wie es Dir am besten gefällt.

Die Greise machten sich reisefertig. Ihre Angehörigen buken Honigkuchen, nähten Reisesäckchen, schnitten neue Fußläppchen zurecht, kauften neue Halbstiefel, sorgten auch für Ersatzschuhe auf den Nothfall — und endlich kam die Scheidestunde. Die Angehörigen gaben den greisen Pilgern das Geleit bis in das freie Feld, dort nahmen sie Abschied, und fort wanderten die Alten rüstig in die weite Welt.

Elisa schritt frohen Sinnes und leichten Herzens aus dem heimathlichen Dorf hinaus, alle kleinen Sorgen und Bedenken hinter sich lassend. All sein Sinnen und Trachten war dahin gerichtet, dem theuren Weggenossen dienstbar und gefällig sich zu erweisen, und daß er ja kein häßliches Wort mehr auf die Zunge nehme, sondern in Liebe und Frömmigkeit bis an das heilige Ziel gelange und wieder heim. Mit sanftem Lächeln geht Elisa seines Wegs, und fleißig murmelt er leise Gebete vor sich hin, oder Stellen aus dem „Lebenslauf der Heiligen," so gut er's versteht, alles auswendig hersagend. Und trifft er unterwegs mit einem Wanderer zusammen, oder weilt er im Nachtquartier — mit Jedermann sucht er in herzlicher Liebe und Brüderlichkeit zu verkehren und nur gottgefällige Reden zu führen. So wallt er hin — ein Pilger frohen Herzens. —

Eines nur konnte Elisa nicht über sich gewinnen. Er hatte sich vorgenommen, das Tabakschnupfen zu lassen, und darum sein Döschen aus Birkenrinde zu Hause „vergessen." Aber das Ding war leichter gesagt, als gethan. Unterwegs bot ihm ein Wanderer ein Prischen an. Elisa kämpfte einen Augenblick — dann erlag er der Versuchung, blieb etwas zurück hinter dem Gefährten, daß ihn die Sünde nicht ärgere, und schnupfte wieder einmal.

Auch Jefim Tarassitsch schritt wacker auf das heilige Ziel, — treu und fest, ohne ein sündhaftes Beginnen, ohne ein müßiges Wort; allein im Herzen spürt' er nicht jene Freudigkeit und das leichte Himmelauf. Die Sorge um die Sachen zu Haus will ihm nicht aus dem Sinn. Immer wieder muß er in Gedanken sich malen, was sie daheim wohl treiben. Ob der Sohn dies oder jenes anzuordnen vergessen, ob er die Sachen auch recht mache. Sieht er unterwegs Kartoffeln stecken oder Dünger fahren, gleich plagt ihn die Sorge: ob ihn der Sohn auch recht verstanden. Es läßt ihm keine Ruhe, daß er am liebsten gleich heimkehren möchte, um überall selbst nach dem Rechten zu sehen und Hand anzulegen.

III.

Fünf Wochen waren die Greise gewandert, das Schuhwerk von Hause hatten sie ausgetreten, mußten sich neues anschaffen. Da kamen sie zu den Kleinrussen. Wie sie aus der Heimath gegangen, hatten sie für Nacht=lager und Kost von ihrem Gelde bezahlt; im Lande der Kleinrussen aber wetteiferten die Dorfleutchen, sie in ihren Hütten gastlich aufzunehmen. Man gab ihnen Speise und Trank und gute Herberge, wollte nichts von Be=zahlung hören, füllte noch die Säckchen mit Brod auf die Wanderschaft, schob wohl auch kleine Kuchen mit unter. So hatten die alten Knaben freies Fortkommen durch etliche hundert Werst. Wieder hatten sie ein Gouvernement hinter sich gelassen, da kamen sie in ein unfruchtbares Land. — Zwar wurden sie willig aufge=nommen, für das Nachtlager wurde kein Geld verlangt, aber Speise und Wegzehrung wurde nicht mehr gereicht. Ueberall klagte man über Brodmangel: nicht selten war auch für gutes Geld nichts zu haben. „Voriges Jahr," klagte das Volk, „haben wir nichts geerntet. Wohl Mancher, der im Reichthum lebte, kam auf den Hund, mußte Alles verkaufen; Andere, die eben das Auskommen hatten — sanken in bittere Armuth; und die armen Teufel suchten ihr Heil in der weiten Welt, oder betteln jetzt von Haus zu Haus, wenn sie das Jammerleben daheim nicht mehr ertragen. Im Winter haben sie Spreu und Melde gegessen."

Einmal hatten die Greise in einem kleinen Orte genächtigt. Da kauften sie fünfzehn Pfund frisches Brod,

machten sich marschbereit und brachen vor Tagesgrauen
auf, um vor der Mittagsgluth eine tüchtige Strecke weg=
zulegen. Zehn Werst marschirten sie ab, da gelangten
sie an ein Flüßchen, kauerten sich nieder, schöpften Wasser
in die Becherlein, tranken es zu dem Brob, erquickten
sich und wechselten die Fußbekleidung. Ein Weilchen
hielten sie Rast, neue Kräfte zu sammeln. Elisa holte
ein Döschen hervor. Dazu schüttelte Jesim Tarassitsch
ärgerlich den Kopf: „Was muß ich sehen!" rief er aus;
„von dieser Abscheulichkeit willst Du nicht ablassen?"

Elisa machte eine Bewegung der Abwehr mit der
Hand. „Ueberwältigt," sagt er, „hat mich das sündige
Gelüst, — was ist der Mensch!"

Darauf erhoben sie sich und schritten fürbaß. Und
weitere zehn Werst legten sie zurück. Da kamen sie in
ein großes Dorf, ihr Weg führte mitten hindurch. Es
war drückend heiß geworden, Elisa fühlte sich arg' er=
schöpft, hatte Verlangen auszuruhen und seinen Durst
zu stillen; doch Tarassitsch wollte keine Zeit verlieren.
Tarassitsch war ein wackerer Fußgänger, Elisa hatte viele
Noth, sich hinter ihm fortzuschleppen.

„Mich plagt der Durst," winkt er dem Freunde.

„So geh' und stille ihn. Ich habe keinen Durst."
Elisa blieb stehen.

„Du sollst aber nicht warten auf mich," sagte er
begütigend: „ich will nur flink in jene Hütte dort, einen
guten Schluck zu nehmen. Erfrischt und mit neuer
Kraft, bin ich bald wieder bei Dir."

„Schön," sagt der Andere. — Und da schritt Jesim

Tarassitsch allein auf der Straße fort, während Elisa
nach einem der Hüttchen seine Schritte lenkte.

Ein kleines, mit Lehm beworfenes Häuschen war
es, zu welchem er herantrat; unten schwärzlich, oben
weißlich, an vielen Stellen der Lehm abgeschält — wohl
schon gar lange her, daß der Bewurf gemacht; das Dach
auf einer Seite abgedeckt. Der Eingang in die Hütte
lag im Hof. Elisa betrat den Hof. Auf einem Erdaufwurf sah er da einen Menschen liegen; ein kranker
abgezehrter Mensch war es, ohne Bart, das Hemb in
den Hosen — wie es bei den Kleinrussen der Brauch.
Der Mann hatte sich offenbar hier in's Kühle gelegt,
und da war die Sonne gekommen, traf ihn mit heißen
Strahlen. Und er lag da mit offenen Augen. Elisa
rief ihn an, um einen Trunk bittend — der Mann gab
keine Antwort. Entweder krank, oder unsanften Herzens
— dachte Elisa bei sich und näherte sich der Thür. Aus
dem Innern schallt zweistimmiges Kindergeheul an sein
Ohr. Er faßt den Thürring und klopft einmal an.
„Wirthsleute!" — Keine Antwort. Er klopft noch einmal an mit seinem Stab. „Getaufte!" — Keine Regung.
„Knechte Gottes!" — Keine Gegenrede. Schon im Begriff, von dieser ungastlichen Thür sich zu entfernen, hört
er hinter derselben ergreifende Laute, so wie ein schmerz-
volles Stöhnen. „Ob wohl den Leuten da innen ein
Unglück zugestoßen? Sollst doch 'mal nachsehen!" Und
Elisa war schnell gefaßt, in die Hütte zu treten.

IV.

Er drehte den Ring herum — die Thür war offen.
Elisa betrat einen engen Flur. Die Zimmerthür war
nur angelehnt; er trat in die Stube. Links — der
Ofen; der Thür gegenüber — der Ehrenplatz; dort in
der Ecke ein Tisch und darüber der Heiligenschrein; vor
dem Tisch — eine Bank; auf der Bank, nur mit einem
Hembe bekleidet, sitzt ein altes Weib mit bloßem Kopfe,
hat das Haupt auf den Tisch gelegt; neben der Alten
sitzt ein Knäblein, just wie ein Ding aus Wachs, doch
mit geschwollenem Leib; zerrt das Weib am Aermel,
jämmerlich schreiend und augenscheinlich um etwas bittend.
Betroffen stand Elisa auf der Schwelle. In der Hütte
— drückende Luft und übler Geruch. Und er gewahrt:
hinter dem Ofen auf der Lagerstatt liegt ein Weib. Es
liegt mit dem Gesicht zur Erde, thut keinen Blick, röchelt
nur leise, bald streckt es einen Fuß hervor, bald zieht
es ihn zurück. Dann wirft es sich herum von einer
Seite auf die andere, und der üble Geruch geht von da
aus. — „Gewiß liegt die Arme in schwerer Krankheit,
und kein Mensch nimmt sich ihrer an." — Endlich hob
die Alte den Kopf und wurde den Fremdling gewahr.

„Was willst Du hier, fremder Mann?" fragte sie
mürrisch; „was willst Du von uns? Mensch, wir haben
gar nichts . . ."

Elisa, die Noth der Armen fühlend, trat leise zu
der Alten.

„Magd Gottes," sagte er, „ich bin hergekommen,
um einen Trunk zu bitten."

„Wir haben Keinen, der uns Wasser trägt. Wir haben gar nichts, Dir zu geben. Geh Deines Wegs.“

Elisa trieb es mehr zu fragen. „Sage doch, gute Seele, habt Ihr denn keinen Gesunden im Haus — wer thut die Kranke dort warten?“

„Ich sage Dir, wir haben Keinen, der Bauer liegt draußen im Sterben, und wir verkommen hier.“

Der Knabe, beim Anblick des Fremden stille geworden, brach jetzt, da die Alte zu reden begonnen, wieder in lautes Jammergeschrei aus; er zerrte sie am Aermel und bettelte herzzerreißend: „Brod, Großmütterchen, ein Stück Brod, gieb mir zu essen!“

Gerade wollte Elisa wieder eine Frage an die Alte richten — da taumelte der Bauer zur Thür herein, schleppte sich an der Wand tappend vor und wollte sich auf die Bank setzen; doch er verfehlte die Bank und fiel schwer auf den Fußboden. Und er mühte sich gar nicht, aufzustehen, sondern nahm gleich das Wort. Nur abgerissene Laute brachte er hervor — mußte immer wieder nach Luft schnappen, sein Bißchen zu sagen.

„Krankheit,“ klagt er, „befiel uns in Hungersnoth. Schau — Den nimmt der Hunger weg“ — und er deutete mit dem Finger auf den Kleinen, selbst bitterlich weinend.

Schnell warf Elisa seinen Reisesack von den Schultern, krämpte die Aermel auf, hob den Sack auf die Bank und band ihn los. Holte den Laib Brod heraus und ein Messer, schnitt ein großes Stück ab und gab es dem Bauern. Doch dieser lehnte es ab, auf den Knaben und dessen Schwesterlein weisend: hilf nur den Kinderlein!

Elisa gab das Stück dem kleinen Schreihals. Der Junge, Brod spürend, reckte sich, faßte das Stück mit beiden Händen und verschwand mit dem Näschen hinter seinem Schatz. Da krabbelte auch ein kleines Mädchen von der Ofenbank herunter, machte sich hinter das Brod. Auch dem Mädchen gab Elisa ein Stück. Dann schnitt er der Alten und dem Bauern von seinem Laib. Das Weib nahm die Gabe mit Dank, begann gierig zu kauen. „Wasser", sagte sie, „haben wir auch sehr nöthig." Ihre Kehle wie ausgebrannt.

„Ich wollte", fuhr sie fort, „gestern oder heute, weiß nicht mehr wann es war — für uns Wasser holen. Geschöpft hab' ich's wohl, aber hergetragen nicht; alles verschüttet und selbst hingesunken in den Staub. Mit Mühe und Noth habe ich mich kriechend heimgeschleppt. Auch der Spann ist dort geblieben — ob ihn wohl Jemand weggenommen?"

Elisa forschte, wo sie den Brunnen hätten. Die Alte gab ihm Bescheid. Und er ging hin, fand den Spann, holte Wasser und stillte den Durst der Armen. Die Kinder aßen mehr Brod zu dem Wasser, auch die Alte ließ sich's schmecken, nur der Bauer nahm keinen Bissen. Es widersteht," sagt er, „meiner kranken Seele."

— Das kranke Weib kam nicht auf von der Lagerstätte, war ohne Besinnung, warf sich ruhelos hin und her. Elisa eilte in's Dorf, ging in eine Bude, kaufte Hirse, Salz, Mehl, Butter, endlich auch ein kleines Beil. Mit diesen Schätzen zurück, schlug er Holz klein — machte Feuer im Ofen. Das kleine Mädchen leistete ihm Beistand. Elisa kochte eine Suppe und einen Brei, erquickte die Leutchen mit einem richtigen Mittagessen.

V.

Der Bauer aß auch ein Bißchen, die alte Frau speiste mit Hochgenuß, das Mädchen und der Jüngste leckten noch ihr Schälchen hübsch rein und sanken alsbald, einander in den Aermchen haltend, in süßen Schlaf.

Jetzt huben Bauer und Alte zu erzählen an, wie dieses Unglück über sie hereingebrochen. „Auch ehedem," sagten sie, „lebten wir nicht eben auf Rosen gebettet, und heuer gaben unsere Aecker gar keinen Ertrag; da mußten wir im Herbst unsere Ersparnisse angreifen, Alles verbrauchen. Als wir das Letzte verzehrt hatten — gingen wir Nachbarn und gute Menschen um milde Gaben bitten. Im Anfang gab man uns willig — späterhin wies man uns von den Thüren. Manche hätten zwar gern etwas gegeben, wären sie nicht selbst bettelarm geworden. Immer bitterer kam uns das Betteln an — überall hatten wir Schulden: hier an Mehl, dort an Geld, oder an Brod. Wohl suchte ich mit allem Fleiß," sagte der Bauer, „irgendwo Arbeit zu finden, — Niemand brauchte Arbeit. Weit und breit drängt sich das Volk um's liebe Brod zu jeder Arbeit. Einen Tag hat man zu schaffen, zwei muß man müssig gehen, neue Arbeit suchen. Die Alte mit dem Mädchen gingen wohl auch weiter hin auf Bettelschaft, doch die Gaben flossen gar zu ärmlich, überall ist Mangel

am Nöthigsten. Dennoch schleppten wir das Jammer=
leben fort, dachten uns durchzuschlagen bis zur Neu=
frucht. Aber wie der Frühling anbrach, hörte das
Almosengeben vollends auf, zudem kam noch die böse
Krankheit. Alle hatten bitter zu leiden. Einen Tag
hatten wir zu essen, zwei Tage mußten wir Hunger
leiden. Da fingen wir an, uns von Kräutern zu nähren.
Sei es nun von den Kräutern, sei es aus anderen Ur=
sachen, es befiel mein Weib die schreckliche Krankheit.
Sie konnte nicht mehr aufstehen, und auch mir gingen
die Kräfte aus. Uns aus der Noth zu helfen, fehlten
alle Mittel." — „Nur ich allein," nahm die Alte das
Wort, „kämpfte noch wider das Elend, zehrte die letzten
Kräfte auf, ohne Nahrung, ohne Hoffnung. Ich erlahmte;
auch das Mädchen war wie ein Schatten, zagte und
zitterte vor jedem Fremden. Wollte das Kind zu Nach=
barsleuten schicken — es sperrte sich dagegen. Versteckte
sich in einem Winkel, wollte nicht um die Welt heraus.
Vorgestern kam unsere Nachbarin herein, wurde gewahr,
daß hier Hunger und Krankheit grimmig hausen —
machte jedoch schnell kehrt und ging wieder fort. Ihr
Mann ist davongegangen, hat sie mit kleinen Kindern in
drückender Armuth gelassen. So lagen wir hoffnungs=
los — den Tod erwartend . . ."

So Herzergreifendes hörend, gab Elisa den Ge=
danken auf, noch am gleichen Tag seinen Gefährten ein=
zuholen; er war schnell entschlossen, über Nacht zu bleiben.
Am andern Morgen stand er früh auf, ging gleich an
die Arbeit, als wäre er der Wirth im Hause. Rührte

den Teig ein mit der Alten, machte Feuer im Ofen.
Alsbann ging er mit dem Mädchen zu den Nachbarsleuten,
sorgte und suchte zusammen, was eben nöthig war. Wo
fehlt' es den Leutchen? — überall: auch das Letzte
war verbraucht. Gar nichts in der Wirthschaft, keine
Kleider am Leibe. — Elisa ging unverdrossen 'mal her-
beischaffen, was er konnte: theils schaffte er's mit seinen
Händen, theils kaufte er's mit seinem Gelde. So verweilte er einen Tag in dem Ort, verweilte noch einen
und gar einen dritten Tag. Das Knäblein bekam
wieder rothe Bäckchen, sprang auf der Bank herum, hing
sich liebkosend an Elisa. Das Mädchen wurde fix und
munter, leistete bei allen Verrichtungen wackern Beistand.
Immer läuft das kleine Volk hinter Elisa her: „Onkel!
Onkelchen!" ruft es, die Händchen ausreckend. — Die
Alte hob auch wieder den Kopf, ging zu der Nachbarin
hinüber. Der Bauer ging an der Wand hintastend ab
und zu. Nur das Weib lag noch; aber am dritten Tag
kam es zur Besinnung und verlangte Nahrung. —
„Mein Gott," verzagt Elisa, „wie konnte ich nur ahnen,
daß ich so lange Zeit hier vertröbeln würde! Aber jetzt
muß ich machen, daß ich weiterkomme!"

VI.

Auf den vierten Tag fiel ein Fest nach den Fasten,
und Elisa bedachte: „Will noch dieses Fest mit den Leutchen feiern, ihnen eine Kleinigkeit zum Feiertag einkaufen,
und gegen Abend will ich auf den Weg . . ." Und

wieder ging Elisa in das Dorf, kaufte Milch, feines
Mehl, Schweineschmalz. Dann gab's ein Kochen und ein
Backen mit der Alten, und am Morgen des Festtags
ging Elisa zur Frühmesse, dann kam er heim und saß
beim Festmahl mit den Armen. Da stand auch das
Weib auf und machte einen Gehversuch. Der Bauer
hatte sich das Kinn glatt rasirt, ein reines Hemd ange=
zogen — die Alte hatte es gewaschen — und ging in's
Dorf zu einem reichen Bauersmann, um Gnade und
Barmherzigkeit zu bitten. Diesem reichen Bauersmann
waren Mähd und Ackerland verpfändet, — darum ging
der Arme bitten, ob ihm nicht Mähd und Ackerland bis
zur nächsten Ernte überlassen werden möchten. — Gegen
Abend kehrte er heim von dem schweren Gang; nieder=
geschlagen trat er zu den Seinen, fing an bitterlich zu
weinen. Der reiche Bauer hatte keine Barmherzigkeit
geübt, sondern barsch erwidert: „Bringe mir das Geld!"
Auf's Neue hielt Elisa die Sorge fest. „Wie sollen
sie denn weiter leben? Die Andern gehen schon Heu
machen, und sie haben gar nichts. Der Roggen wird
auch bald reif — die Schnitter ziehen fröhlich hinaus
(köstliche Frucht trug's in dem Jahr, das Mütterchen
Erbe), und sie haben nichts zu ernten: vergeben ist ihre
Dessjatine an den reichen Bauersmann. Wollte ich sie
nun verlassen, sie würden bald wieder in die bitterste
Noth gerathen . . ." Gedankenvoll saß Elisa, zerbrach
sich den Kopf für die lieben Nächsten und ging nicht auf
die Wanderschaft — blieb noch einmal über Nacht. Suchte
sich im Hof ein Lager; sprach ein Gebet, legte sich hin,

fand aber keinen Schlaf: von der einen Seite reißt es
ihn fort auf den Weg — schon gar zu viel Geld und
Zeit hat er da aufgebraucht — von der andern Seite
dauert ihn das arme Volk. „Alle Noth wirst Du gewiß
nicht lindern. Wollte nur etwas Wasser in's Haus tragen
und jedem ein Stücklein Brod ertheilen — und was ist
nun daraus geworden? Jetzt heißt es schon: kaufe uns
Mähd und Ackerland los. Und hinterher wird es heißen
— eine Kuh für die Weiber und Kinder, einen Gaul
für den Bauern. Hast Dich zu weit fortreißen lassen,
Bruder Elisa Kusmitsch, hast den Ankergrund verloren,
und weißt nimmer aus noch ein." — Elisa erhob sich,
nahm den Kaftan von der Kopfstelle, schlug ihn ausein=
ander, zog sein Döschen, nahm ein Prischen, meinte so
die Gedanken klar zu machen, — aber weit gefehlt:
grübelte, grübelte — brachte nichts Rechtes heraus. Fort
mußte er auf den Weg, und die armen Leute jammerten
ihn. Er wußte nicht, was er beginnen sollte. Rollte
endlich den Kaftan wieder zusammen, legte ihn zur Kopf=
stelle, warf sich auf's Lager. Ruhelos lag er da stunden=
lang, bis die Hähne krähten — dann erst sank er in
leisen Schlaf. Und plötzlich war es ihm, als hätte ihn
Jemand geweckt. Es träumt ihm, er sei ganz gekleidet,
reisefertig, mit Sack und Stab, und müsse gerade zum
Thor hinaus; dieses aber finde er nur so weit offen,
daß knapp ein Mensch hindurch könne. Und er geht, —
doch im Thor bleibt er hängen an einer Seite mit dem
Sack, und müht sich, loszukommen — doch da sitzt er
an der andern Seite mit einem Fußlappen fest, und dieser

fällt ihm ab. Er will sich losmachen, und siehe, nicht
an dem Thor ist er hängen geblieben, sondern das kleine
Mädchen ist's, was ihn fest hält, laut zu ihm schreiend:
„Onkel! Onkelchen, nach Brod!" Und wie er zu seinen
Füßen blickt, gewahrt er das herzige Knäblein: es hält
ihn am Fußlappen fest. Zum Fenster heraus blicken der
Bauer und die Alte nach ihm ... Elisa fuhr aus dem
Schlaf und sprach mit lauter Stimme zu sich selber:
„Loskaufen will ich Mähd und Ackerland, auch einen
Gaul will ich kaufen, und eine Kuh für die Kinder. Sonst
reiste ich wohl über das weite Meer, Christus zu suchen,
und verlöre ihn in meiner Seele. Muß diesen Leutchen
aufhelfen." Darauf sank Elisa in festen Schlaf und hatte
Ruhe bis zum Morgen. In aller Frühe stand er auf:
ging zu dem reichen Bauersmann — kaufte das Roggen=
land frei, gab auch das Geld für das Mähdland. Dazu
kaufte er eine Sense — auch die war drauf gegangen
in der Noth — und brachte sie heim. Den Bauern
schickte er in's Mähen, selbst ging er auf gut Glück bei
den Dorfleuten herum: fand bei dem Krugwirth ein kräf=
tiges Pferdchen und einen Wagen feil. Bald wurden sie
handelseinig, Elisa schloß den Kauf ab und ging noch
eine Kuh erstehen. Auf der Straße gehend, ereilt er zwei
Weiblein des Orts. Sie schreiten langsam und plappern
lustig zusammen. Elisa erhorcht, daß er selbst Gegen=
stand ihres Geplauders. Und das eine Weib weiß zu
erzählen:

„Im Anfang," plaudert es, „erkannten sie noch gar
nicht — was für ein Mensch der sei — meinten, er

2*

wäre nur ein gewöhnlicher Pilger. Nur eingetreten, sagen
sie, um einen Trunk zu bitten, und blieb gleich ganz bei
ihnen. Hat ihnen von Allem gekauft. Und heute habe
ich selbst gesehen, wie er von dem Krüger das Pferdchen
und den Wagen abhandelte. Es giebt auch solche Men=
schen in der Welt. Gehen wir einmal, ihn zu be=
trachten . . ."

Dies hörte Elisa, begriff, daß man ihn preise, ging
nicht weiter, die Kuh zu kaufen. Kehrte schnell zurück
zu dem Krugwirth, zahlte den Kaufpreis für Wagen und
Pferd, fuhr mit dem Erworbenen nach der Hütte. Vor=
gefahren kam er an das Thor, hielt an und stieg aus
dem Wagen. Der Bauer und seine Weiber sperrten die
Augen weit auf. Wohl kam ihnen der Gedanke, das
Pferd wäre für sie gekauft, aber keines wagte dergleichen
zu äußern. Der Bauer ging das Thor öffnen. „Was
hast Du mit dem Pferdchen im Sinn, Onkelchen?" —
„Habe das Pferd gekauft, war gerade billig zu haben.
Sorge Du, daß es zur Nacht frisches Futter habe im
Wagenkasten." — Der Bauer spannte das Pferd aus,
mähte eine Tracht Gras zusammen, legte es in den Kasten.
Alle legten sich schlafen. Elisa machte sein Lager auf
der Straße, trug auch zur Nacht gleich seinen Reisesack
dahin. Noch lagen alle Leute in tiefem Schlaf — da
erhob sich Elisa, schnürte sein Bündel, zog seine Stiefel
an, warf sich den Kaftan über und machte sich auf —
dem Bruder Jefim Tarassitsch nach.

VII.

Fünf Werst hatte Elisa zurückgelegt, da begann es zu dämmern. Er setzte sich unter einen Baum, band den Sack los, überzählte sein Reisegeld. Nur 17 Rubel und 20 Kopeken hatte er übrig. „Du lieber Gott," sann er wehmüthig lächelnd, „mit dem kann man nicht über's Meer reisen. Um Christi willen Geld erbetteln — häufte mir Sünde und Aerger auf die Seele. Gevatter Tarassitsch wird auch allein gut fortkommen, auch für mich eine Kerze aufstecken. Mir aber soll gewiß die Pilgerschuld bis auf den Tod verbleiben. Der Herr ist barmherzig — wird noch Geduld mit mir haben . . ."

Elisa stand auf, warf den Sack über den Rücken — und machte sich frisch auf, der lieben Heimath zu. Nur das Dorf umging er in weitem Bogen, daß ihn die Leute nicht sähen. Und wunderbar schnell vollbrachte er die weite Reise. Auf dem Hinweg hatte er schwer ge= kämpft, oftmals gar mühselig hinter Jesim sich fortge= schleppt, auf dem Rückweg gab ihm Gott Wunderkraft, daß er nichts mehr von Müdigkeit spürte. Spielend wanderte er durch's weite Land, fuchtelte vergnügt mit seinem Pilgerstab, legte wohl siebzig Werst am Tage zurück.

Und endlich kam er zu Hause anmarschirt. Das Getreide war schon abgeführt von den Feldern. Die Seinigen empfingen ihn in hellem Jubel. Und sie be= gannen ihn auszufragen: wie und was — weshalb er hinter dem Gefährten zurückgeblieben, warum er nicht weiter gegangen, sondern zurückgekehrt nach der Heimat.

Elisa wollte nicht recht mit der Sprache heraus. „Es war eben nicht Gottes Wille: ich kam unterwegs um mein Geld, blieb weit hinter dem Freunde zurück. So bin ich nicht weiter gegangen. Verzeiht mir die Sünde um Christi willen." Und er behändigte seiner Alten das übrige Sümmchen. Dann fragte er nach den häuslichen Angelegenheiten. Alles stand gut, alle Geschäfte waren in bester Ordnung, nirgends ein Versäumniß in der Wirthschaft, und sie lebten alle in Frieden und Eintracht.

Gleich am selben Tage erfuhren auch die Angehörigen des Tarassitsch, daß Elisa heimgekehrt, und kamen schnell angelaufen, nach ihrem Alterchen zu fragen. Ihnen gab Elisa den gleichen Bescheid: — „Euer Alterchen ging einen wackern Schritt; drei Tage vor dem Petersfest gingen wir von einander, ich wollte ihn später einholen, aber da kamen mir merkwürdige Sachen in die Quere: das Geld wurde mir alle, hatte nichts übrig, die weite Reise zu bezahlen, und da bin ich lieber heim gewandert."

Alle Leute nahm das Wunder: wie wäre das möglich — ein so gescheidter Mann, und hätte so unklug gehandelt? Auf die Pilgerfahrt aus, auf halbem Weg umgekehrt, nur das liebe Geld durchgebracht? — Wunderten sich eine Weile und vergaßen es bald. Auch Elisa vergaß es. Ging rüstig an sein Tagewerk daheim: beschaffte mit seinem Sohn den Holzvorrath auf den Winter, drosch mit den Weibern das Getreide, erneuerte das Schauerdach, versorgte die Bienenstöcke zum Ueberwintern, gab zehn Stöcke sammt der jungen Zucht an den Nachbarsmann. Sein Weib wollte gar zu gern verheimlichen, wie

viele von den verkauften Stöcken ausgeschwärmt, doch
Elisa wußte ganz genau, welche unfruchtbar, welche aus=
geschwärmt, und gab dem Nachbar anstatt zehn — sieben=
zehn Bienenstöcke. Nachdem er Alles in's Reine gebracht,
schickte er seinen Sohn auf Erwerb aus und setzte sich
selbst auf den Winter fest, Bastschuhe zu flechten und
Bienenhäuschen zu meistern.

VIII.

Während Elisa bei den kranken Hungerleidern in der
Hütte geblieben, hatte Jefim Tarassitsch einen vollen Tag
auf den Kameraden gewartet. Eine kurze Strecke nur
war er weiter gegangen, hatte sich niedergelassen. Wartete
und wartete, machte ein Schläfchen, erwachte, saß noch
ein Weilchen — keine Spur von dem Freunde. Die
Augen schier abgeguckt hat er sich. Schon sinkt die Sonne
hinter den Baumkronen — und immer kein Elisa. —
„Am Ende gar an mir vorbei gegangen," sorgt er, „oder
auch gefahren (von Jemand aufgenommen), kein Aug' auf
mich gehabt, während ich da schlief. Doch nein — er
hätte mich ja sehen müssen. In der Steppe sieht man
weit. Soll ich zurück gehen, während er vielleicht schon
voraus eilt? Werden uns ganz verlieren, immer ärger
uns sorgen. Will doch lieber vorwärts gehen, im Nacht=
quartier werden wir uns schon wieder finden."

Jefim kam in ein kleines Dorf; da bat er den Dorf=
wächter, er möchte so gut sein, falls ein Alterchen so und
so in's Dorf kommen würde, ihn nach einer bestimmten

Hütte zu weisen. Doch Elisa kam nicht. Jesim wan=
derte weiter, überall nachforschend — ob nicht ein glaz=
köpfiger Alter gesehen worden. Kein Mensch hatte ihn
gesehen. Jesim wußte nicht, was er davon denken soll:e,
und pilgerte allein. „Irgendwo," hoffte er im Stillen,
„werden wir doch zusammentreffen, etwa in Odessa, viel=
leicht auf dem Schiff" — und kümmerte sich nicht mehr
darum. Unterwegs kam er mit einem „Priesterlosen"
(altgläubige Secte in der griechischen Kirche) zusammen.
Dieser Priesterlose, in Käppchen und Meßgewand, mit
langen über die Schultern wallenden Haaren, war schon
auf dem Berg Athos gewesen, pilgerte jetzt zum andern
Mal nach Jerusalem. Im Nachtquartier hatten sie sich
gefunden, waren in's Plaudern gekommen, pilgerten fortan
zusammen.

Sie kamen wohlbehalten in Odessa an. Drei Tage
warteten sie auf das Schiff. Fromme Pilger in großer
Menge warteten hier auf die Ueberfahrt. Von allen
Himmelsrichtungen waren sie zusammengeströmt. Wieder
forschte Jesim nach Elisa — Niemand hatte ihn gesehen.

Der Priesterlose belehrte Jesim, wie man ohne Be=
zahlung die Seereise machen könne, doch Jesim Tarassitsch
mißachtete solche Einflüsterung. — „Will doch lieber mein
Geld bezahlen," meinte er, „dazu hab' ich's ja mitge=
nommen." Bezahlte vierzig Silberrubel für die Fahrt
hin und zurück, kaufte sich Brod und Heringe auf die
Seereise. Das Schiff nahm seine Ladung ein und die
Pilger alle, auch Tarassitsch und der Priesterlose gingen
an Bord. Die Anker wurden gelichtet, die Haltseile ge=

lockert, und fort schwammen sie in die blaue Flut. Den
Tag über ging Alles gut; gegen Abend erhob sich ein
heftiger Wind, es strömte Regen vom Himmel. Das Schiff
fing an zu schaukeln, hohe Schaumwellen spritzten Wasser
über Deck. Das Volk warf sich ängstlich hin und her,
die Weiber erhoben ein Klagegeschrei, und zahlreiche Männer,
die weniger beherzt waren, hasteten von einem Platz zum
andern, sicheren Unterschlupf suchend.

Auch Jesim faßte ein Bangen, doch er ließ nichts
davon merken. Wo er sich niedergelassen gleich nach der
Einschiffung, zunächst etlichen Greisen aus dem Tambowschen, auf der glatten Diele, da blieb er auch sitzen die
ganze Nacht und den folgenden Tag. Jeder hielt nur
seine Siebensachen fest und sprach kein Wörtchen. Am
dritten Tag ward es wieder windstill. — Am fünften
Tag lief das Schiff in den Hafen von Zaragrad (Kon-
stantinopel). Manche der Pilger ließen sich an's Ufer
setzen, gingen den herrlichen Tempel der Gottesweisheit —
Sophia besehen, in welchem heute die Türken hausen. Tarassitsch zog es vor, an Bord zu bleiben. Vierundzwanzig
Stunden lagen sie vor Anker, dann schwammen sie wieder
in's weite Meer. Ferner wurde Halt gemacht bei der Stadt
Smyrna und bei noch einer Stadt, Alexandria mit Namen,
und endlich glitt das Schiff nach der langen Seefahrt in
den Hafen von Jaffa. Alle Pilger wurden bei Jaffa
an's Land gesetzt: von da siebenzig Werst zu Fuß nach
Jerusalem. Bei der Ausschiffung gab's wieder arge Noth
und Schrecken für die Kleinmüthigen: hoch ragte das Schiff,
und die Pilger wurden von oben in ein kleines Boot

geworfen; das Boot schaukelte, daß man fürchten mußte, nicht in das schwankende Schälchen, sondern in's Wasser zu fallen; zwei Mann geriethen in's Nasse, doch alle wurden glücklich an's Land gebracht. — Jetzt fühlte man's schon — das heilige Land. Alle pilgerten zusammen. Nach vier Tagen kamen sie in Jerusalem an. Außerhalb der Stadt, in der Russischen Herberge, fanden sie ein Unterkommen. Ließen die Pässe einschreiben, hatten ein Mittagsmahl, — dann gingen sie aus nach den heiligen Stätten. Zu dem Grabe des Herrn hatte man noch keinen Zutritt. Da gingen sie vorerst zur Frühmesse in das Patriarchenkloster, beteten zu Gott, steckten Kerzen vor die Bilder. Dann betrachteten sie von außen den Tempel „Auferstehung," in welchem das Grab des Herrn sich befindet. Verbaut ist der ganze Tempel dermaßen, daß er nicht mehr zu sehen ist. Ferner besuchten sie am ersten Tag die Zelle Mariä von Aegyptenland, wo diese das Seelenheil erworben. Auch da opferten sie Kerzen, sprachen ein Dankgebet. Zum Hochamt wollten sie am Grabe Christi ihre Andacht verrichten, aber sie kamen zu spät. So gingen sie in's Kloster Abraham's. Da sahen sie den Garten des Saweka — die Stätte, wo Abraham seinen Sohn Gott opfern wollte. Nachher suchten sie die Stätte auf, wo Christus der Maria Magdalena erschienen, dann auch die Kirche Jakob's. Alle die Stätten zeigte der Priesterlose, und bei jeder wußte er genau anzugeben, wie viel Geld man zu opfern, wo man Kerzen anzustecken habe. Endlich kehrten sie zu ihrer Herberge zurück. Im Begriff, zur Nachtruhe sich niederzulegen, schrak der Priester=

lose plötzlich auf, begann seine Kleidungsstücke zu durch=
suchen — alle Taschen umzukehren. „Haben mir das
Geldsäckchen mit meiner ganzen Barschaft weggemauft —
fünfundzwanzig Rubel waren's: zwei Zehnrubelscheine,
das Uebrige in Kleingeld," klagte er dem Jesim seine
Noth. Jammerte noch lange fort — nichts zu machen,
legte sich schlafen.

IX.

Jesim lag wach in seinem Bette, denn es plagt' ihn
ein böser Argwohn. „Mit nichten weggemauft," sinnt
er, „ist ihm das Geld, da er wohl gar keins gehabt
hat. Nirgends hat er geopfert. Mich immer fleißig be=
lehrt, was ich zu opfern hätte, aber selbst hat er nichts
gegeben, zuletzt noch einen Rubel von mir entlehnt!"
Grübelte noch eine Weile fort, der Ehrenmann Jesim,
und begann sich darüber bittere Vorwürfe zu machen: —
„Was vermesse ich mich, über ihn zu richten, und häufe
nur Sünde auf mein Haupt. Will nicht mehr daran
denken." — Doch kaum hat er den Sinn auf Anderes
gelenkt, als ihm schon wieder einfällt, wie der Priester=
lose auf das Geld immer so scharf aus, und wie es
doch gar zu unwahrscheinlich, daß ihm Jemand das Geld=
säckchen weggestohlen hätte. „Weiß Gott," muß er wieder
denken, „der Mensch hat sicherlich das Geld nicht gehabt.
Alles nur Sand in die Augen . . . ."
Den andern Morgen standen sie zeitig auf und
gingen zur Frühmesse in den großen Tempel „Auferstehung"

— zum Grabe des Herrn. Und der Priesterlose hielt sich immer dicht an Jefim.

Sie traten in das Gotteshaus. Andächtige — fromme Pilger aus allen Völkerschaften: Russen, Griechen, Armenier, Türken, Syrier und viele Andere mehr — waren da in unabsehbarer Menge. Mit vielen Andern schritt Jefim durch das Heilige Thor, dann vorüber an der türkischen Wachtmannschaft der Stätte zu, wo der Erlöser vom Kreuz genommen und gesalbet worden; daselbst hängen neun kolossale Kronleuchter, ein Meer von Kerzenlicht über den Raum ausgießend. Da steckte Jefim eine Kerze an. Alsdann führte ihn der Priesterlose rechter Hand etliche Stufen empor auf die Schädelstätte, Golgatha genannt, wo das Kreuz Christi gestanden; daselbst verharrte Jefim in tiefer Andacht. Darauf zeigte man ihm auch noch den Riß in der Erde, wo dieselbe erbebet und ihre Gräber aufgethan, daß die Leiber der Heiligen aufstunden; ferner die Stätte, wo man die Hände und Füße des Erlösers an's Kreuz genagelt — endlich gar das Grab Adam's. Dann kamen sie zu dem Stein, wo Christus gesessen, da sie ihm die Dornenkrone auf's Haupt gedrückt; auch zu dem Pfahl, an welchen sie den Herrn gebunden, da sie ihn geißelten. Auch einen Stein mit zwei Höhlungen sah Jefim — man belehrte ihn, da hätten die Füße des Herrn geruht. Mancherlei heilige Stätten noch wollte man ihm zeigen, aber die Menge riß ihn fort: Alles strömte jetzt nach der Felsenhöhle, wo das Grab des Herrn ist. Da war eben ein Gottesdienst fremden Glaubens vorüber, es begann die Messe

der Rechtgläubigen. Jefim strebte mit allem Volk nach
der Felsenhöhle.

Wieder suchte er von dem Priesterlosen sich abzu=
drängen, immer wieder in Gedanken sich versündigend;
allein dieser zudringliche Mensch wich nicht· von seiner
Seite und folgte ihm fest angeklammert auch zum Gottes=
dienst am Grabe des Herrn. Da wollten sie näher vor=
gehen, doch Andere kamen ihnen zuvor. So dicht ge=
drängt stand die Menge, daß man weder rück= noch vor=
wärts nur einen Schritt weg konnte. Jefim stand mitten
darin, schaute vor sich, sprach leise Gebete — und konnte
nicht umhin, ab und zu nach seinem Geldbeutel zu
fühlen. Zweierlei erwog er in seinem Sinn: einmal —
es betrüge ihn der Priesterlose; dann wieder — ob er
gleich nicht betrüge, daß Geld ihm wirklich gestohlen —
wie sehr man sich hüten müsse, daß einen nicht das gleiche
Unglück treffe.

<hr />

X.

So steht Jefim, stille betend und vor sich schauend,
mit den Augen an der heiligen Stätte hangend, wo sie
den Herrn in's Grab gelegt und wo jetzt sechsunddreißig
Kirchenlampen helles Licht strahlen. Gottergeben steht
er da, schaut über die Köpfe hin — Gott, welch ein
Wunder! Gerade unter den Lampen, zuvörderst vor
allen Betern, steht da ein Alterchen in einem Kaftan aus
grobem Bauertuch, und eine Glatze hat er, hellglänzend,
über den ganzen Kopf, just wie der Elisa Bodrow.

— „Gar zu ähnlich dem alten Elisa,“ denkt er bei sich. „Aber unmöglich kann er es sein. Wie sollte er vor mir angekommen sein? Das Schiff vor dem unsern ist eine ganze Woche früher abgegangen. So bald konnte er doch nicht in Odessa sein. Auf unserem Schiff ist er ganz gewiß nicht gewesen. Ich habe mir alle Pilger genau angesehen.“

Während Jesim dieses bedachte, begann der Greis vornean zu beten, und er verbeugte sich tief drei Mal nach einander: einmal vornehin gegen Gott, dann gegen die Gemeinde der Rechtgläubigen nach beiden Seiten. Und wie er mit dem Kopf herumfuhr, der wunderliche Alte, nach der rechten Seite hin, da hatte ihn Jesim augenblicklich erkannt. Gottes Wunder, der alte leib= haftige Bobrow! Der dunkle Krausbart mit etwas Silbergrau auf den Wangen, die Augenbrauen, die Augen, die Nase, das ganze Antlitz — alles wohlbekannt. Kein Zweifel — das war Elisa Bobrow.

Helle Freude verklärte des Greisen Antlitz, daß er den alten Bruder gefunden, und es nahm ihn Wunder, wie der Elisa es gemacht, vor ihm anzukommen.

„Schau, schau, alter Knabe,“ murmelt er leise, „bist ja hübsch obenan, hast wohl einen guten Führer gefunden, der Dich so fein vorgeschoben. Beim Ausgang will ich Dich fassen, Alterchen, und meinen Priesterlosen fahren lassen. Mit Dir, Elisa, will ich fortan pilgern, Du wirst mir gewiß gut weiter helfen zu den heiligen Stätten.“

Jesim gab immer fleißig Obacht, daß er Elisa nicht aus den Augen verlöre. — Der Gottesdienst ging zu

Ende, die Menge kam in Bewegung, Alles strömte, das
Kreuz zu küssen, immer wilder ward das Gedränge —
Jefim wurde zur Seite gestoßen. Und wieder befiel ihn
die Angst, es wäre ihm der Geldbeutel gestohlen. Er
drückte die Hand an seine Geldtasche und suchte sich
durchzudrängen, strebte nach Leibeskräften in's Freie
hinaus.

Und er gelangte in's Freie, ging vor den Tempel,
in ängstlicher Spannung seinen Elisa suchend. Wartete
und musterte wohl lange Zeit — konnte den Freund
nicht finden. Endlich ward er des Treibens müde, ging
fort, in den Herbergen nachzuforschen, wo Elisa Bobrow
über Nacht gewesen. Ueberall kam er herum, nirgends
fand er den Alten. Am selben Tag ging auch der ·
Priesterlose verloren. Fort war er, und hatte den Rubel
nicht heimgezahlt. Jefim stand allein.

Am nächsten Tag begab sich Jefim wiederum zum
Grabe des Herrn, diesmal mit einem der Greise aus
dem Tambowschen, die er auf dem Schiff kennen ge=
lernt. Er suchte sich vorzudrängen, doch wieder ward er
zur Seite gestoßen; da lehnte er sich an eine Säule und
begann zu beten. Dann blickte er um sich — und
wieder schaut er dort unter den Lampen, gerade vor dem
Grabe des Herrn, an der heiligsten Stätte, den alten
Elisa: mit ausgebreiteten Armen, gleich einem segnenden
Priester vor dem Altar, steht er da, und ein herrlicher
Glanz umschimmert seine Glatze. — „Halt," ermannt
sich Jefim, „heute laß ich Dich ganz gewiß nicht aus."
Und wieder kämpft er sich tapfer vorwärts. Nach Lust

schnappend, schaut er einmal auf — Elisa ist nicht mehr
da. Offenbar schon fortgegangen.

Auch den dritten Tag ging Jefim zur Messe, und
wieder gewahrt er: an der heiligsten Stätte steht Elisa
vor Aller Augen; die Arme hat er ausgebreitet und
blickt nach oben, als schaue er etwas über sich. Und
ein wunderbares Leuchten der Glatze spielt um des
Greifen Haupt. — „Halt," packt es Jefim mächtig, „heut
will ich ihn fassen, werde beim Ausgang Wache stehen.
Da sollen wir uns nicht verfehlen." Jefim ging hinaus,
— harrte, harrte, bis alles Volk an ihm vorüber —
der Elisa war aber nicht darunter.

Sechs Wochen lang verweilte Jefim in Jerufalem
und besuchte alle heiligen Stätten: er schaute Bethlehem,
Bethanien, den Fluß Jordan, ließ am Grabe des Herrn
das heilige Zeichen prägen auf ein neues Hemd, um
bereinst darin begraben zu werden, nahm auch ein Gläschen Jordanwasser mit, ein wenig von der geheiligten
Erde, endlich eine Anzahl der geweihten Kerzen — ließ
viel von seinem Gelde für alle die Gottessachen draufgehen, und mußte endlich machen, daß er mit dem knappen
Rest seiner Barschaft wieder heim gelange. Eilte nach
Jaffa, schiffte sich ein, kam wohlbehalten in Odessa an
und wanderte zu Fuß der lieben Heimath zu.

***

XI.

Wieder pilgerte Jefim ganz allein durch's weite Land.
Je mehr er der Heimath sich näherte, desto nachdrücklicher

stellte die alte Sorge sich ein, wie man denn ohne ihn
zu Hause fertig geworden. In Jahresfrist, grübelt er,
läuft ja viel Wasser in's Thal. Ein Leben braucht's,
ein Haus zu gründen, es zu zerstören, braucht's nicht
lang. Wie wohl der Sohn in seiner Abwesenheit die
Sachen geführt, wie der Frühling sich angelassen, wie
das Vieh überwintert, ob das neue Haus solide gebaut . . .
Jesim kam auch wieder durch das Land, wo er im ver=
gangenen Jahr den Elisa verloren. Die Bevölkerung
war nicht wieder zu erkennen. „Wo. im verwichenen
Jahr Jammer und Elend geherrscht, lebte heuer Alles
im satten Wohlgenuß. Die Aecker hatten reiche Frucht
getragen. Die Bevölkerung war wieder zu Wohlstand
gelangt, und das frühere Leidwesen war vergessen. Eines
schönen Abends näherte sich Jesim jenem Oertchen, wo
im vorigen Jahr Elisa zurückgeblieben. Eben war er
in's Dorf eingekehrt, da sprang ein flinkes Mädchen in
weißem Hembe hinter einer Hütte hervor: „Onkel! Onkel=
chen! Komm doch in unsere Hütte!" — Jesim wollte
schnell vorüber, aber das Mädchen ließ ihn nicht gehen,
klammerte sich fest an sein Gewand, zerrte ihn unter
Schmeicheln und Lachen nach der Hütte.

Da trat ein Weib mit einem Knäblein vor das
Thor, fing auch an zu winken: — „Sprich doch ein
Weilchen bei uns vor, Großväterchen, speise mit uns zu
Abend — bleibe auch über Nacht." Jesim folgte der
freundlichen Einladung. „Ganz recht," denkt er bei sich,
„muß doch 'mal nachfragen, ob sie 'was von Elisa wissen;
irre ich nicht, so war es ja eben diese Hütte, in welche

er einkehrte, seinen Durst zu löschen." Jefim kam in
die Hütte, das Weib half ihm den Sack ablegen, reichte
ihm Waschwasser, bot ihm den Ehrenplatz am Tisch.
Dann holte sie Milch, kleine gefüllte Piroggen, Hirse-
brei — setzte Alles auf den Tisch. Warmes Lob zollte
ihr Tarassitsch, von Herzen dankend, daß sie den Pilgern
so freundlich begegne.

Das Weib aber schüttelte abwehrend den Kopf. —
„Wie dürften wir anders," sagt sie, „als Pilger freundlich aufnehmen. Von einem Pilger haben wir das
wahre Leben erst erkannt. Wir lebten in den Tag hinein,
gottvergessen und der Sünde verfallen, und da strafte
uns Gott so hart, daß wir einzig den Tod für uns
erflehten. Zum Sommer waren wir so elend dran, daß
Alle darnieder lagen — und zu essen hatten wir auch
kein Krümchen. Wir warteten nur auf den Tod —
und da sandte uns Gott einen Helfer in der Noth, einen
lieben Greis — gerade so wie Du sah er aus. Um
Mittag trat er ein, einen Schluck Wasser zu bitten, und
wie er unsere Noth erkannte, faßte ihn tiefes Mitleid,
daß er nicht von der Stelle konnte — und so blieb er
denn bei uns. Er hat uns Hunger und Durst gestillt,
er hat uns auf die Beine geholfen, unser Land losge-
kauft, auch Pferd und Wagen angeschafft und dieselben
hier zurückgelassen."

Jetzt trat ein altes Weib in die Stube, fiel der
Sprecherin in's Wort: „Wahrlich, wir wissen selbst nicht
recht, war er ein Mensch oder ein Engel Gottes. Alle
hatte er lieb, jede Noth der Nächsten that ihn so jammern,

und dann ging er fort, ohne ein Wort zu sagen; wir
wissen gar nicht, für wen wir zu Gott beten sollen.
Noch sehe ich's deutlich vor mir: ich ruhe hier, den
Tod erflehend, und da werde ich gewahr, daß ein Alterchen,
ganz gewöhnlicher Mensch, nur kahlköpfig war er —
hereintritt und um Wasser bittet. Ich arge Sünderin
murre noch gar: was will hier das Bettelpack? Und
er, heiliger Mann, hat Wunder an uns gethan. Als
er unsere Noth erkannte, gleich warf er den Reisesack ab,
setzte ihn hier nieder und band ihn los . . ."

Das kleine Mädchen legte sich plappernd darein:
„Nein," eifert es, „nicht so war es, Großmütterchen, zuerst
legte er den Sack hier mitten in die Stube nieder, und nachher
hob er ihn auf die Bank." Und so wetteiferten sie noch
eine Weile fort, aller Worte und Werke des edlen Helfers
gedenkend: wo er gesessen in ihrer Mitte, wo er geschlafen,
was er gethan, was er zu Dem oder Der gesprochen.

Zur Nacht kam auch der Bauer-Wirth nach Hause
gefahren mit dem von Elisa dagelassenen Pferdchen,
begann auch von dem Gottesmann zu erzählen, der so
große Liebe an ihnen gethan. — „Wäre er nicht zu
uns gekommen, wir wären Alle in Sünden dahinge-
fahren . . . Im Sterben lagen wir in bitterster Verzweiflung, wider Gott und Menschen murrend. Er hat
uns mit Liebe aufgerichtet, durch ihn haben wir Gottes
Wege erkannt und wieder an gute Menschen Glauben
gefaßt. Dafür segne ihn Christus und schenke seiner
Seele das Himmelreich. Ehedem lebten wir wie das
dumme Vieh, er hat uns zu Menschen gemacht."

3*

Nachdem die Leutchen Jefim mit Speise und Trank
erquickt, boten sie ihm ihr bestes Lager für die Nacht
und legten sich schlafen.

Gedankenvoll lag Jefim, der Schlaf mied seine
Augen: der alte Elisa wollte ihm nicht aus dem Sinn
— wie er ihn geschaut zu Jerusalem, dreimal nach der
Reihe, immer an dem vornehmsten Platz.

„Das also war es," geht er in sich, „worin er mir
zuvorgekommen. Ob mein Opfer angenommen oder nicht,
ist sehr die Frage, ihn aber hat Gott gewißlich ange=
nommen."

Den andern Morgen nahm er Abschied von den
Leutchen. Sie versorgten ihn mit frischen Piroggen auf
den Weg und gingen an ihr Tagewerk. Jefim setzte
die Wanderschaft fort.

XII.

Genau ein rundes Jahr hatte Jefim in der Fremde
geweilt. Zum Frühling war er der Heimath wieder nah.

Eines Abends langte er zu Hause an. Der Sohn
war nicht daheim: er saß in der Schenke. Ganz be=
trunken taumelte er endlich heran; Jefim eilte, ihn über
Vieles zu befragen. Aus Allem ging hervor, daß der
liederliche Trinker in des Vaters Abwesenheit das Haus=
wesen heruntergebracht. Das Geld hatte der Tropf ver=
schleudert, die Geschäfte arg vernachlässigt. Da begann
Tarassitsch· seinem Ungerathenen den Kopf zu waschen.
Dieser entgegnete mit garstiger Grobheit.

„Hätteſt Dich ſelber zu Hauſe tummeln ſollen und nicht ſo müßig ſpazieren gehen," ſpöttelt der arge Sünder; „aber Du gehſt luſtig in die weite Welt, nimmſt noch alles Geld mit hinweg, und jetzt kommſt Du's von mir abfordern."

Der Greis fuhr zornig auf, gab dem Sohn einen Backenſtreich.

Am nächſten Morgen ging Jeſim zu dem Aelteſten, ſeinen Paß abzuliefern, — da kam er an Eliſa's Hof vorüber. Das alte Weib des Eliſa, auf der Vortreppe beſchäftigt, bietet ihm freundlichen Gruß:

„Guten Morgen, Gevatter," ſpricht ſie milde lächelnd, „haſt Du geſund die lange Pilgerſchaft vollbracht?"

Jeſim Taraſſitſch blieb ſtehen.

„Gott ſei Dank und Lob," giebt er zur Antwort, „bei guter Geſundheit Alles vollbracht, aber Dein Alterchen iſt mir unterwegs verloren gegangen — und ich höre, daß er längſt wieder daheim iſt?"

Das war der Alten Waſſer auf die Mühle, — das Plaudern war ihre Herzensluſt.

„Freilich iſt er daheim," ſagt ſie, „ſchon lange iſt er wieder da, unſer Ernährer. Ich denke ſo um Mariä Himmelfahrt war es. War das eine Luſt und Freude bei uns zu Haus, daß Gott ihn uns wieder hergeführt. Gar zu traurig war es auch ohne ihn. Seiner Hände Arbeit iſt ja nicht Wunder was, — die guten Jahre ſind eben hin. Aber ſein Köpfchen iſt goldeswerth, und er macht uns die helle Freud'. Unſer Junge wurde ſchier toll vor Jubel. Ohne den Vater, ſagt er, geht

mir's wie ohne das Himmelslicht. Ueberall fehlt er uns, wir
härmen uns ab in der Stille und zählen die Tage und die
Stunden — immer auf des Ersehnten Heimkehr zielend."

„Sage doch, Mütterchen, ist er jetzt daheim?"

„Daheim, lieber Freund, im Bienengarten ist er,
einen Schwarm einzustreichen. Ein wundergutes Schwarmjahr, meint er. So neue Kraft hat Gott in die Bienen
gelegt, daß mein Alterchen sich gar nicht zu erinnern
weiß. Haben's ja nicht verdient, wir Sünder, wie Gott
uns segnet. Komm doch ein wenig herein, herzlieber
Freund — was wird mein Alterchen Augen machen!"

Jefim schritt durch den Flur, dann durch den kleinen
Hof — nach Elisa's Bienengarten. Und da schaut er
— steht Elisa ohne Schutzhaube, ohne Fausthandschuhe,
in seinem alten Kaftan, unter einer Birke, — hat die
Arme ausgebreitet, blickt zur Höhe — und gar ein
wunderbares Leuchten über der Glatze spielt um sein
Haupt, gerade so wie damals zu Jerusalem am Grabe
des Herrn. Ueber ihm, gleichfalls an Jerusalem mahnend,
flimmert durch das zarte Laub der Birke in hundert
Flämmchen das Sonnenlicht herein, und um seinen Kopf
winden sich goldgeflügelte Bienchen zur Krone — summen
hin und her und stechen ihn gar nicht. — Betroffen
hielt Tarassitsch stille.

Da rief Elisa's Alte ihren Gatten laut beim Namen.
„Schau her, der Gevatter ist wieder da!"

Elisa sah um sich, und helle Freude strahlt' ihm
aus den Augen; rasch ging er dem alten Freund entgegen, leichthin die Bienen aus seinem Barte streichend.

„Guten Tag, Gevatter, guten Tag, Du lieber Mensch!... Alles gut abgelaufen?"

„Wohl haben's die Füße abgelaufen, auch heiliges Wasser aus dem Jordan hab' ich Dir mitgebracht. Sprich bald einmal vor — hol' es Dir selber ab. Aber ob Gott das Opfer auch angenommen?"

„Nun, Gott sei gelobt, Christus erlöse alle Seelen!" Jefim ließ den Kopf hängen. —

„Mit den Füßen hab' ich's vollbracht, aber ob ich auch recht mit der Seele dabei war, oder vielmehr ein Anderer..."

„Ein frommes Werk, Gevatter, ein gottgefälliges Werk!"

„Bin auf dem Rückweg auch in jene Hütte eingekehrt, wo Du zurück bliebst, Deinen Durst zu löschen."

Elisa erschrak, suchte schnell darüber wegzukommen. — „Ein gottgefälliges Werk, Gevatter... Aber was stehen wir da — willst Du nicht eintreten in unser Hüttchen, von meinem Honig kosten?..." So unter= drückte Elisa die heikle Sache und lenkte das Gespräch auf Wirthschaftliches.

Jefim seufzte nur leis vor sich hin und machte keinerlei Andeutungen mehr gegen den Freund von den Leutchen jener Hütte sowie auch dessen, daß er ihn in Jerusalem geschaut. Doch klar stand es vor seinem Geist, daß Gott der Herr einem jeden Menschen aufer= legt, an die Brüder hienieden Abgaben zu entrichten — in wahrer Liebe und guten Werken.

Ein Herzlein.

Evang. Matthäi 5, 38. 39.

Diese Geschichte ereignete sich auf einem Herrengut. Es gab auch dazumal Herrschaften aller Art. Es fehlte nicht an solchen, die das letzte Stünblein und den lieben Gott im Herzen trugen und darum sich der armen Leute erbarmten, es gab aber auch hartherzige Sünder und Menschenquäler, an die man nur mit Bitterkeit zurückdenken mag. Doch die allerschlimmsten Vorgesetzten waren in der Regel die, welche aus den Reihen der Leibeigenen emporgekommen: aus Niebrigkeit und Schmutz — auf zu der Fürsten Putz! Sie waren es zumeist, welche dem armen Mann das Leben sauer machten.

Auch auf dem Herrengut, von welchem hier die Rede ist, wußte sich ein Tyrann von diesem Schlage als Gutsverwalter zu behaupten. Die Bauern hatten Frohnbienste zu leisten. Grund und Boden war im Ueberfluß vorhanden, und es war ein fruchtbares Land, reichlich gesegnet mit Wasser, Wiesen und Wald. Herrschaft und

Bauerschaft hätte volle Befriedigung gefunden, wäre nur nicht der böse Verwalter gewesen — aus den Reihen der Hörigen eines andern Gutes zu seinem Posten empor= gehoben.

Die Zügel seiner Macht nahm er gleich stramm in die Hände, dem armen Bauernvolk den Fuß auf den Nacken setzend. Der Mann hatte Familie — sein Weib und zwei verheirathete Töchter — auch hatte er sein Schäfchen schon längst im Trockenen, konnte ein behagliches und sorgenfreies Leben führen, ohne der Sünde zu fröhnen; doch ihn plagte der giftige Neid und ließ ihn versinken in Laster und Rohheit.

Die Sache fing damit an, daß er die Bauern über Gebühr mit Frohndiensten belastete und ihre Freiheit ver= kürzte. Er errichtete eine Ziegelbrennerei, plagte daselbst Männer und Weiber mit erdrückender Arbeit, und die fertigen Ziegelsteine verkaufte er für schönes Geld. Die Bauersleute kamen nach Moskau, wo ihr Gutsherr lebte, und führten Klage wider den Verwalter; doch das übte gar keine Wirkung auf ihre Nothlage. Der Herr ließ die Bauern ohne Tröstung gehen, den Verwalter aber frei nach Willkür schalten. Und dieser Unmensch kam nur zu bald dahinter, daß die Bauern wider ihn Klage ge= führt, und er säumte nicht, bittere Rache dafür zu nehmen. Immer härter und grausamer bedrückte die armen Bauern das schwere Kreuz. Es fanden sich treulose Brüder unter ihnen, welche dem Verwalter mit Angebereien gegen ihres= gleichen dienten, so daß Jedermann dem besten Freund nicht mehr zu trauen wagte. Die ganze Bevölkerung des

Ortes gerieth in Verwirrung, und der Verwalter raste immer wüthender.

Die Zeit brachte hier weder Rath noch Linderung. Es lag endlich so weit im Argen, daß alles Volk den grimmigen Verwalter fürchtete, als wäre er ein reißendes Thier. Kam er durch ein Dorf gefahren, gleich floh alles scheu aus dem Weg, wie vor dem Wolfe flüchtend — mit heiler Haut in Sicherheit, gleichviel wohin sich bergend, nur aus den Augen dem argen Wütherich! Das merkte der Verwalter sehr genau, und immer wilder kochte in ihm der finstere Groll, die Furcht der Leute ärgerte ihn auch. Mit Prügelstrafen und harter Arbeit that er die Bauern drücken, und namenlose Marter mußten die armen Teufel von ihm ausstehen.

Es ist ja dagewesen, daß man solche Uebelthäter durch rasche Mordthat aus der Welt geschafft — und mit ähnlichen Plänen und Anschlägen trugen sich auch die Bauern tief im Geheimen. Kamen sie an drittem Ort zusammen, so rückten die Beherzteren wohl auch mit der Sprache heraus: — „Sollen wir unsern gottvergessenen Peiniger noch lange weiter dulden? Nein! lieber mit einem Schlage in's Verderben, — solchen Teufel um's Leben bringen, ist gar keine Sünde!“

Eines Tags, in der stillen Woche vor Ostern, waren die Bauern im Walde versammelt: der Verwalter hatte sie hingeschickt, den herrschaftlichen Wald zu säubern. Da saßen sie beim Mittagsmahl im trauten Kreis und fingen an zu plaudern:

„Sagt, Brüderchen, was soll daraus werden?“ klagten sie einander ihre Noth: — „wie sollen wir denn weiter

leben? Der Unmensch wird uns abrackern bis auf's Blut,
jedes häusliche Glück ausrotten mit Stumpf und Stiel.
Abgemartert hat er uns mit Arbeiten aller Art: bei Tag
und bei Nacht soll man sich plagen, weder Männern,
noch Weibern will er die nöthige Leibesruhe lassen. Und
ist nur das Kleinste nicht ganz nach seinem Sinn, gleich
sucht er Händel, läßt uns mit Ruthen peitschen. Semen,
der arme Tropf, ist gar gestorben an den Folgen einer
Ruthenstrafe; Anisim hat er in Fesseln gelegt. Weß'
haben wir uns zu versehen von solchem Teufel? Heut
Abend wird er hier angeritten kommen, gleich wieder
Händel suchen — da sollte man ihn flugs vom Pferde
reißen — rasch mit der Axt ihm auf den Kopf, und der
Sache ein Ende . . . Ihn irgendwo im Walde ver=
scharren, wie einen Hund, und alle Spuren fein ge=
säubert . . . Nur diese Abrede voraus: Alle zusammen
wie ein Mann! Tod dem Verrath!"

Das sprach Wassili Minajew. Mehr als jeder An=
dere war er von Racheburst erfüllt gegen den Verwalter.
Jede Woche mußte er Ruthenstrafe leiden, und sein Weib
war ihm mit Gewalt entrissen, mußte dem Verhaßten als
Köchin dienen.

So schmiedeten die Bauern ihren Racheplan und
waren alle einig. Gegen Abend kam der Verwalter an=
geritten. Grimmig musterte er die Leutchen von seinem
Roß herab, fand augenblicks einen Streitpunkt: man habe
die Bäume nicht ordnungsmäßig ausgeschlagen. Er sah
da im Holzstoß eine junge Linde.

„Ich habe Euch doch gesagt, daß keine Linden ge=

schlagen werden sollen! Wer hat die Linde gefällt? Gebet mir den Thäter an, sonst lasse ich alle peitschen!"

Und er ging mit Eifer an die Untersuchung, in wessen Reihe die Linde wohl gestanden. Man wies ihm den Sibor. Der Verwalter schlug dem armen Sibor das ganze Gesicht blutig. Dann gab er noch dem Wassili etliche Peitschenhiebe mit seiner „Tatarka," weil der Holzstoß nicht groß genug, und ritt wieder heimwärts.

Den Abend kamen die Bauern wieder zusammen, und da begann Wassili zu reden:

„Ach, Brüder, erbärmliches Gesindel! Nicht Menschen, sondern Sperlinge seid Ihr! . . . ‚Alle wie ein Mann, Alle wie ein Mann . . .‘ und kommt es zum Handeln, — husch, alle fort unter das Schirmdach. So machen's die Sperlinge auch, wenn sie wider den Habicht sich zu= sammenrotten: ‚Tod dem Vorrath! Alle zusammenstehen fest und treu!‘ Und wie der Räuber auf sie herabschoß, husch, waren sie alle fort in das Nesselkraut. Der Ha= bicht aber packte wie der Blitz mit seinen Krallen, was ihm gefällig, und fuhr mit der Beute auf. Da flatterten die Sperlinge wild hervor: ‚Tschiwik, Tschiwik,‘ — sie zählen ihrer einen zu wenig. ‚Wer fehlt? Der Wanka ist's. Aha! Geschieht ihm ganz recht, der hat es wahr= lich nicht besser verdient . . .‘ Gerade so verfahret auch Ihr. ‚Tod dem Verrath‘ — und Ihr übet Alle Ver= rath! Wie er den Sibor in's Gesicht schlug, da hättet Ihr fest zusammenstehen sollen, und gleich hätten wir ein Ende gemacht. Ihr aber: ‚Tod dem Verath, Tod dem Verrath, Alle wie ein Mann . . .‘ und wie er über

uns herfiel, der grimmige Feind, — husch, Alle in's
Gebüsch."

In dieser Weise ging das Gerede öfter und öfter,
die Bauern nahmen sich herzhaft vor, den bösen Verwalter aus der Welt zu schaffen. Mitten in der stillen
Woche ließ der Unmensch den Bauern anbefehlen, daß
sie sich bereit machten, in der heiligen Osterwoche das
Herrenland für Hafersaat zu pflügen. Bitter kränkend
traf die Bauern solcher Befehl, und sie versammelten
sich am Charfreitag bei Wassili, auf dem Hinterhof, und
gingen mit erneutem Eifer an ihre Verschwörung:

„Hat er den lieben Gott ganz und gar vergessen,
daß er so schreckliche Sünden begehen mag, so ist es
wahrlich an der Zeit, daß wir ihn aus der Welt schaffen.
Mit einem Schlage sei Alles gethan."

Auch Peter Michejew kam dazu. Ein stiller und
friedfertiger Bauer war Peter Michejew, und er schüttelte
nur mißmuthig den Kopf zu den bösen Anschlägen der
Brüderchen. Die argen Drohreden hörend, trat er näher
hinzu und nahm das Wort:

„Eine große Sünde ist's, liebe Brüderchen, was
Ihr im Schilde führet. Die Seele verderben — das
ist ein ungeheures Verbrechen. Eines Andern Seele verderben, ist ja leicht gethan, aber wie muß die eigene
hernach dafür leiden? Er begeht arge Sünden, ihm steht
Böses bevor. Dulden, Brüderchen, immer noch dulden
sollen wir."

Wild brauste der Zorn in Wassili auf ob solcher
Langmuth.

„Der plappert uns allemal sein altes Lied: große Sünde, einen Menschen zu erschlagen. Das weiß Jeder von klein auf; aber es fragt sich doch immer, was für einen Menschen. Große Sünde ist's, einen guten Menschen zu erschlagen; doch einen Missethäter, einen Brudermörder, eine Hundeseele — kann Gott so Arges lieben? Muß Gott nicht wollen, daß man es vertilge? Einen tollen Hund soll man erschlagen, um die Menschen vor seinem Biß zu bewahren. Unsern Tollkopf nicht erschlagen, würde das Uebel und die Sünde immer ärger machen: seht Ihr denn nicht, daß er uns Alle zu Grunde richtet? Und müssen wir auch leiden für die Mordthat, so leiden wir doch für die Brüder. Die Brüder alle werden uns Gotteslohn erbeten. Werden wir aber noch länger so tröbeln und maulaffen, so wird er uns Allen den Rest geben. Ein leeres Gefasel nur, Michejew, was Du uns vorbringst. Sage doch — wird es eine geringere Sünde sein, wenn wir an dem großen Festtag unseres Herrn Jesu Christi alle zur Arbeit hinaus fahren? Du selbst wirst nicht mitwollen."

Darauf entgegnete Michejew:

„Warum soll ich nicht mitgehen? Wird man uns zur Arbeit schicken, so werde auch ich mit meinem Pflug hinaus fahren. Nicht für mich werde ich schaffen. Gott weiß ja, wem die Sünde zur Last fällt. Wir sollen nur sorgen, daß wir Ihn im Herzen tragen. Wisset, liebe Brüderchen, ich rede nicht aus eigener Weisheit. Wäre uns in Gottes Geboten gelehret, ein Uebel durch ein anderes auszurotten, dann hätten wir ein Recht Gottes für unſer Beginnen; ſo aber iſt uns Anderes gelehret. Du meinſt das Uebel aus der Welt zu ſchaffen, und es fährt in Deine Seele. Einen Bruder morden, iſt nicht weiſe! Das Blut bleibt an der Seele kleben. Mordeſt Du einen Menſchen, ſo befleckeſt Du Deine Seele mit Blut; Du wähneſt in Deiner Thorheit, das Uebel habeſt Du weggeräumt — aber ſiehe zu, ob nicht ein anderes Uebel, das hundertmal ärger iſt, in Dir ſich eingewurzelt hat . . . Beuge Dich dem Elend, und das Elend wird ſich beugen . . ."

Das machte die Hörer ſtutzig. Die Verſammelten ſchieden ſich in zwei Lager: die Einen ſtimmten für Waſſili's Meinung, die Andern mußten dem gottesfürchtigen Peter Recht geben: man ſolle die arge Sünde meiden, noch länger dulden und ausharren.

Die Bauern hatten in alter Weiſe ihren Oſterſonntag gefeiert. Gegen Abend kam der Staroſta (Dorfälteſte) mit den Gemeindeſchreibern vom Herrengut und erklärte: „Michael Semenowitſch, unſer geſtrenger Verwalter, läßt den Befehl ergehen, daß morgen alle Bauern auf's Feld fahren ſollen, das Herrenland für Haferſaat zu pflügen." Der Staroſta und die Gemeindeſchreiber machten die Runde durch das ganze Dorf und verkündigten allen Bauern, daß ſie morgen zu pflügen hätten: Der ſollte zum Fluß hinaus, der an die große Landſtraße u. ſ. w. Die Bäuerlein klagten ſich unter Thränen ihre Noth, doch Niemand war ſo teck, ſich offen zu widerſetzen; den andern Morgen fuhren ſie alle auf's Feld, ein jeder mit ſeinem Hakenpflug, und gingen verdrießlich an die bittere Mühe. Von dem Kirchthurm herab läuteten alle Glocken zur Frühmesse, allenthalben lustwandelte das Volk in festtäglichem Putz, — und die Bauern mußten pflügen.

Michael Semenowitsch, der böse Verwalter, erwachte ziemlich spät aus tiefem Schlaf. Kaum aus dem Bette auf, eilte er fort, in der Wirthschaft nach dem Rechten zu sehen. Die Seinigen — die Gattin und eine ver= wittwete Tochter (zum Fest auf Besuch gekommen) putzten sich im Ankleidezimmer. Ein Knecht spannte die Pferde vor den Wagen, die Frauen fuhren nach der Kirche. Nach einer Stunde kamen sie wieder vorgefahren; eine Magd stellte die Theemaschine auf. Da kam auch Michael Semenowitsch wieder heim; sie setzten sich um den Thee= tisch. Michael Semenowitsch trank ein Glas Thee, steckte sich ein Pfeifchen an und rief den Starosta.

„Nun, wie steht es denn?" forschte er: — „Hast Du die Bauern zum Pflügen aufgestellt?"

„Das habe ich gethan, Michael Semenowitsch."

„Recht so, und alle sind hinausgefahren?"

„Alle sind auf die Felder hinaus, ich habe sie selbst an ihre Plätze geführt."

„Hingeführt und aufgestellt — das hast Du fertig gebracht, aber ob die Schlingel auch arbeiten? Reite mal hinaus, sieh zu, was sie schaffen, und sage den Leuten, daß ich gleich nach Mittag selbst ein wenig vor= kommen will. Daß mir eine Dessjatine auf je zwei Pflüger aufgeackert sei, und zwar gut geackert! Finde ich ein Verschulden in der Arbeit, soll mich der Feiertag nicht hindern —"

„Ihr Wille ist Befehl."

Der Starosta wollte sich eilig entfernen, aber Michael Semenowitsch rief ihn noch zurück. Er schien wie auf Nadeln zu sitzen, der gestrenge Michael Semeno= witsch, drehte sich hin und her, bewegte etwas auf der Zunge und mochte nicht heraus mit der Sprache. Noch eine Weile drückte er sich herum, dann sagte er:

„Nur das noch: horche Du 'mal ein wenig herum, was diese nichtsnutzigen Faulenzer über mich reden. Was die Schurken etwa an Schimpf= und Lästerreden wider mich im Munde führen, alles sollst Du mir treu= lich berichten. Ich kenne sie wohl, die Halunken! ich weiß ja, wie unlieb ihnen die Arbeitsmühe ist: nur immer auf der Bärenhaut liegen und herumlottern, das wäre nach ihrem Sinn; Fressen und Saufen und Müssig= gang –– das ist ihre Lust, aber daß man dabei gute Zeit der Feldarbeit versäumt, überall zu spät kommt, das macht ihnen gar keine Sorgen. Darum trage ich Dir auf, fein unbemerkt auf ihre Rede zu lauschen, was jeder sagen wird, und mir Alles zu hinterbringen. Es ist sehr nöthig, daß ich es wisse. Geh' hin und spitze die Ohren, daß Du mir Alles behaltest, kein Wörtlein verhehlest."

Der Starosta drehte sich auf den Hacken herum, entfernte sich rasch, schwang sich auf's Pferd und ritt zu den Bauern auf's Feld.

Die Verwalterin, welche ihres Mannes Rede zu dem Starosta erhorcht hatte, trat zu dem Gatten und

4

drang in ihn mit zarten Bitten. Sie war eine Frau
von zarter Gemüthsart, und ihr gutes Herz litt namenlose Qualen durch die Grausamkeit ihres Eheherrn. Wo
sie es irgend vermochte, besänftigte sie des Rasenden Jäh-
zorn und nahm die Bäuerlein vor ihm in Schutz.

Jetzt näherte sie sich dem Gatten und flehte ihn an
aus blutendem Herzen.

„Freund meiner Seele, Mischenka,“ sprach sie in
schmeichelndem Tone, „bedenke den großen Festtag, den
Feiertag Gottes, und versündige Dich nicht; um Christi
willen, lieber Mann, entlasse die Bäuerlein . . .“

Doch Michael Semenowitsch verstockte sein Herz
gegen der Gattin Rede, ja er verlachte ihre Mahnung:

„Wohl schon allzu lange her,“ sagte er, mit dem
Finger drohend, „daß meine Peitsche nicht mehr über
Deinen Rücken gefahren! Wirst mir ja wieder keck und
über alle Maßen vorlaut — legst Dich in allerlei Sachen,
von welchen Du gar nichts verstehst!“

„Mischenka, mein lieber Herr und Gemahl, ich habe
einen bösen Traum gehabt: Du warst mir in dem Traum
so schrecklich elend, ich mag es gar nicht sagen! Folge
diesmal meinem Rath, laß die Bäuerlein nur heute von
der Arbeit . . .“

„Alle Wetter, ich sag’ es ja! Blöde Närrin, hast
mir zu gute Tage gehabt! Bildest Dir ein, die Peitsche
soll Deinem fetten Wanst keine Schmerzen bereiten?
Hüte Dich!“

Wilder Zorn flammte in des Verwalters Augen,
er versetzte dem Weibe einen derben Schlag auf den

Mund mit dem glühheißen Pfeifenkopf und jagte sie von
sich, ihr grimmig nachschreiend, daß man sogleich das
Mittagessen auftrage.

Zu Mittag speiste Michael Semenowitsch eine kalte
Suppe, Fleischpiroggen, Schweinebraten mit Sauerkohl,
Nudelpudding mit Rahmsauce, trank dazu Kirschbrannt=
wein, nahm zuletzt noch ein Stück von der süßen Pirogge
— ließ endlich die Köchin kommen und hieß sie frohe
Lieder singen, während er selbst die Guitarre nahm und
zu dem Gesang eine Art Begleitung klimperte.

So saß der Gottvergessene in heiterster Stimmung,
sein schweres Mahl verdauend, immer lässiger über die
Saiten fahrend, mit der saubern Köchin schäkernd und
liebelnd. Auf einmal trat der Starosta herein, machte
seinen Bückling und schickte sich an, dem Gestrengen zu
vermelden, was er draußen auf den Feldern wahrgenommen.

„Nun, wie steht's denn? Arbeiten die Schurken?
Werden sie auch fertig mit ihrem Theil?“

„Bereits über die Hälfte haben sie durchgeackert.“

„Und gar keine ungepflügte Stellen? Wie?“

„Ich habe keine gefunden, sie pflügen gut; die Furcht
treibt sie an . . .“

„Aber sage 'mal, der Erdaufwurf ist doch gut?“

„Der Aufwurf ist lockere Erde, gerade wie Schieß=
pulver fällt er auseinander.“

Eine Weile saß der Verwalter in gedankenvollem
Schweigen.

„Nun gut — aber was reden die Bauern über
mich, gewiß lauter Schimpf= und Schmähreden?“

Der Starosta wollte nicht gleich mit der Sprache heraus, doch Michael Semenowitsch herrschte ihn zornig an, die volle Wahrheit wolle er hören.

„Alles sollst Du mir sagen! Nicht mit Deinen, sondern mit ihren Worten sollst Du mir's vortragen. Wirst Du die Wahrheit sagen, so will ich Dich reich belohnen, wirst Du mir das Geringste verhehlen, so habe mir ja keinen Groll, wenn ich Dich durchpeitschen lasse ... Heda! Katjuscha, reich ihm ein Gläschen Branntwein, daß er frischen Muth fasse."

Die Köchin that, wie ihr geheißen, reichte dem Starosta ein Gläschen von dem Kirschbranntwein. Der Starosta murmelte einen Glückwunsch, leerte das Glas auf einen Zug, wischte sich den Mund ab und schickte sich an, Bescheid zu ertheilen. — „Komme denn, was wolle," sann er im Stillen: — „es ist ja nicht meine Schuld, daß sie ihn nicht loben: er soll die Wahrheit hören, wenn er nicht anders will ..." Nachdem er sich so ein Herz gefaßt, begann der Mann zu reden:

„Sie murren, Michael Semenowitsch, und führen bittere Reden."

„Aber was reden sie denn? Sage mir Alles!"

„Die Einen sagen: er glaubt wohl nicht an Gott."

Der Verwalter lachte auf.

„Wer von den Leutchen hat das gesagt?"

„Alle die Bauern sagen es. Sie behaupten: Der Mann hat sich gewißlich dem bösen Geist ergeben."

Wieder lachte der Verwalter. „Das ist Alles ganz hübsch," sagte er; „doch Du sollst mir im Einzelnen erzählen, was Jeder gesagt hat. Was hat der Waska gesagt?"

Gegen seine Sippschaft und die guten Freunde wollte der Starosta nichts Schlimmes sagen, doch mit dem Wassili lag er seit Jahren in bitterem Haber.

„Der Wassili," fuhr es ihm leicht heraus, „hat ärger als alle Andern gewettert."

„Gut. Aber welcher Ausdrücke hat er sich bedient? Rede mir frei heraus!"

„Es ist schrecklich, nur daran zu denken! Er droht gar fürchterlich: Der Mensch wird unfehlbar eines jähen, unbußfertigen Todes sterben . . ."

„Beim Teufel, das ist ja ein ganzer Held!" rief der Verwalter lachend. „Was gafft er denn lange müssig zu — warum zögert er noch, mir den Hals abzuschneiden? Aber gewiß fühlt er, daß seine Arme noch nicht stark genug sind, so Hartes zu vollbringen. Vortrefflich, der Spaß gefällt mir: Waska, mein lieber Schatz, wir wollen schon in's Reine kommen mit einander . . . Nun weiter — Tischka, der Hund, hat wohl auch das Maul bitter voll?"

„Alle miteinander haben Uebles geredet."

„Wohl; aber ich will ja wissen, was ein Jeder gesagt hat."

„Es ekelt mich an — ich mag es gar nicht wie=derholen."

„Mensch, was ekelt Dich an? Was soll mir die Zimperei, willst Du gleich Alles sagen?!"

„Sie sagen Alle — daß ihm der Bauch platze und ihm die Eingeweide herauskämen."

Das machte Michael Semenowitsch großen Spaß; er hielt sich die Seiten vor Lachen.

„Wir wollen doch sehen, wem die Eingeweide eher herauskommen, mir oder diesen Windmenschen! Wer hat denn das gesagt? Wohl der Tischka?"

„Keiner von ihnen hat ein gutes Wort gesagt, Alle wetteifern in Schmähen und Drohen."

„Glaub's schon; doch der Petruschka Michejew, was hat der gesagt? Der wunderliche Kopfhänger hat wohl auch tüchtig mitgeschimpft?"

„Nein, Michael Semenowitsch, der Peter hat kein ungutes Wort gesagt."

„Was macht er denn?"

„Er ist der einzige von allen Bauern, der gar nichts gesprochen hat. Und ein gar zu wunderlicher Kauz ist er. Ich traute meinen Augen nicht, Michael Semenowitsch, wie ich ihn da sah."

„Was that er denn?"

„Ja, was Der that — alle Bauern hatten ihr helles Wunder . . ."

„Mensch, wirst Du mir bald sagen, was es ist!"

„Es ist wirklich sehr wunderbar. Er pflügt die Dessjatine am Abhang des Turkinberges. Wie ich da zu ihm angeritten kam, vernahm ich einen herzergreifenden Gesang: Der Mann ließ ein frommes Lied erschallen, so feierlich und wunderschön, — und auf dem Hakenpflug zwischen den Deichselarmen flimmert's wie ein Feuerschein."

„Nun?"

„Immer heller flimmert das Lichtlein auf. Ich reite näher hinzu, und da gewahre ich: — eine Wachs= kerze, wie man sie für fünf Kopeken das Stück an der Kirchenthür verkauft, ist an das Querholz geklebt, brennt da mit lustigem Flämmchen, über welches der Wind keine Macht hat. Und der Bauer, in seinem Feiertagshemd, schreitet hinter dem Pflug, schafft rüstig sein Tagewerk und singt die heiligen Auferstehungslieder. Er wendet scharf um, er schüttelt die Erde ab, und das Kerzlein brennt lustig fort mitten im Wind. Zwei Schritte vor mir schüttelt er den Pflug, legt den Kolben herum, stößt den Haken ein — und das Kerzlein flammt wunderhell, will nicht verlöschen.“

„Und was sprach der Bauer?“

„Er sprach kaum ein Wort: als er mich gewahr wurde, bot er mir den Ostergruß, dann stimmte er wieder seine Lieder an.“

„Hast Du sonst kein Wort mit ihm gesprochen?“

„Nein; ich wußte nicht, was ich sagen sollte. Andere Bauern, die gerade in der Nähe waren, verlachten und bespöttelten sein Thun: Schau' mal an, Brüderchen, der Michejew wird sein Lebtag daran zu büßen und zu beten haben und dennoch die Sünde nicht abwaschen, daß er am heiligen Ostertag gepflügt hat.“

„Und was entgegnete Michejew diesen Spöttern?“

„Michejew sagte nur: Friede auf Erden, an den Menschen ein Wohlgefallen. Darauf nahm er wieder seinen Hakenpflug, trieb die Pferde an und begann mit lieblicher Stimme ein Osterlied zu singen. Das Kerzlein aber brannte lustig fort mitten im Winde.“

Verschwunden war alles Lachen aus dem Gesichte des Verwalters. Er ließ die Guitarre fallen, senkte das Haupt und verlor sich in trübes Sinnen.

Eine geraume Zeit saß er so finster brütend; dann trieb er die Köchin und den Starosten von sich, ging in sein Schlafgemach, legte sich auf's Bett und fing an, sich unter Seufzen und Stöhnen herumzuwinden, als hätte er einen hochbeladenen Erntewagen fortzuschaffen. Sein Weib trat mit besorgter Miene zu ihm hin und drang in ihn mit Bitten und Ueberreden: er gab aber keine klare Antwort. Er sagte nur immer wieder:

„Besiegt hat er mich. Jetzt hat es auch mich an= gepackt."

Das Weib ermahnte ihn mit liebevollen Worten:

„Raffe Dich auf, lieber Mann, reite auf's Feld hinaus, entlasse die Bäuerlein. Es wird Alles wieder gut werden. Wie schreckliche Thaten hast Du sonst verübt, ohne die mindeste Angst, und jetzt thust Du auf einmal so verzagt?"

„Verloren bin ich!" stöhnte der Verwalter. „Be= siegt hat er mich. Mache nur, daß Du fortkommst mit heiler Haut, Dein Geist ist zu klein, solche Qual zu erfassen!"

So wand er sich unter arger Pein und stand nicht auf.

Den andern Morgen stand er auf, ging an sein Tagewerk, doch als ein ganz neuer Mensch. Michael Semenowitsch war ein gebrochener Mann — an seinem Herzen nagte der Kummer. Trübselig schleppte er seine Tage hin und ließ Alles gehen, wie es mochte. Allezeit

faß er müssig zu Hause. Nicht lange darauf ward seiner
Machtstellung ein jähes Ende bereitet. Um die Zeit der
Petrifasten kam der Gutsherr angefahren. Ließ gleich
den Verwalter rufen: — Der Mann sei erkrankt, ward
ihm gemeldet. Er ließ wieder einmal anfragen — immer
noch krank, ward ihm gemeldet. Der Herr kam bald dahinter, daß sein Verwalter ein liederlicher Trunkenbold
— und entsetzte den Taugenichts seines Amtes. Von
Stund' an führte Michael Semenowitsch ein müssiges
Leben unter dem Hofgesinde. Mehr und mehr sank er
in Trübsinn, verbauerte nach und nach, vertrank den Rest
seiner Habe, sank endlich so tief, daß er seinem Weibe
alte Tücher stahl, um sie im Trinkhaus zu verschachern.
Selbst die Bäuerlein erbarmten sich seiner Noth, gaben
ihm Geld, daß er durch neues Trinken seinen Jammer
verscheuche. Nicht ein Jahr schleppte er das Hundeleben
fort. Der Branntwein gab ihm den Todesstoß.

Was die Menschen am Leben hält.

Erster Brief St. Johannis Kapitel III. 14, 17, 18;
Kapitel IV. 7, 8. 12, 16. 20.

I.

Ein Schuhmacher wohnte mit Weib und Kindern bei einem Bauersmann zur Miethe. Weder ein eigen Haus, noch Grund und Boden hatte der Handwerksmann und erwarb sich das tägliche Brod mit seiner Schuh=macherarbeit. Das Brod war theuer, die Arbeit schlecht bezahlt, und was er mühevoll zusammenbrachte, ging von der Hand immer in den Mund. — Nur einen Leib=pelz hatten sie zusammen — der Schuhmacher und sein Weib, und das Ding riß schon in Fetzen, so war es abgetragen; das zweite Jahr bereits hatte der Mann im Sinn, das nöthige Schaffell zu einem neuen Pelz zu kaufen.

Zum Herbst hatte sich ein übriges Geldchen bei dem Schuhmacher eingefunden. Ein Dreirubelschein lag in

des Weibes Kasten und fünf Rubel und zwanzig Kopeken
hatten sie noch ausstehen bei den Bauersleuten im Dorf.

Eines Morgens machte sich der Schuhmacher in
der Frühe auf, im Dorf nach einem Pelz sich umzuthun.
Er zog seines Weibes baumwollene, dick wattirte Jacke
über's Hemb und darüber seinen tuchenen Kaftan; steckte
sorglich den Dreirubelschein in die Tasche, holte seinen
Stock aus dem Winkel und machte sich gleich nach dem
Morgenbrod auf den Weg. Und im Stillen berechnete
er: „Von den Bauersleuten werde ich fünf Rubel erhalten,
dazu lege ich meine drei, und das soll genug sein, das
nöthige Fell anzuschaffen."

Der Schuhmacher kam in's Dorf, klopfte gleich bei
einem der Schuldner an, — der Bauer war nicht daheim;
das Weib versprach, ihr Mann werde im Laufe der
nächsten acht Tage das Geld überbringen, gab aber keinen
Kopeken heraus; der Handwerker sprach bei einem zweiten
vor — da schwor ihm der Bauer bei Gott und allen
Heiligen, er habe kein Geld, und gab nur zwanzig Kopeken
für eine kleine Flickarbeit. Der Schuhmacher kam auf
den Einfall, das Schaffell auf Borg zu nehmen. Doch
der Gerber gab ihm keinen Credit, wollte nichts von
Borgen wissen.

„Immer hübsch Geldchen," sagte er, „sollst Du mit-
bringen, dann kannst Du wählen nach Herzenslust, —
sonst wären wir übel dran, wissen ja wohl, wie es geht
mit dem Schuldenabholen."

So mußte der arme Schuhmacher unverrichteter
Dinge wieder abziehen; nur zwanzig Kopeken für die

Flickarbeit hatte er gewonnen, und von einem Bauers=
mann hatte er ein Paar alte Filzstiefel zum Verledern
mitgenommen.

Sorge und Kummer nagten an seinem Herzen, und
er vertrank die zwanzig Kopeken in der nächsten Schnaps=
bude, ging ohne Pelz auf den Heimweg. Morgens hatt'
es ihn gefröstelt, jetzt, nachdem er den Branntwein ge=
trunken, fühlte er sich angenehm erwärmt auch ohne Pelz.
So schreitet der Schuhmacher seines Wegs, mit einer
Hand sein Stöckchen gegen den frostharten Boden der
Ackerfelder aufstoßend, mit der andern Hand die alten
Filzstiefel herumschwenkend; und dabei murmelt er tröstend
in sich hinein:

„Auch ohne Pelz," meint er, „habe ich warm ge=
nug. Nur einen Viertelstof getrunken, und da läuft es
mir schon warm durch alle Adern. Einen Pelz vermisse
ich gar nicht. Und das Herz ist wieder leicht. Bin ein=
mal so ein frohherziger Mensch! Was kümmert es mich?
Kann mich auch ohne Pelz durchschlagen. Durch alle
Zeiten will ich gut fortkommen. Allein — das Weib
wird mir wieder so gallig werden. Auch ist es ja bitter
kränkend: Du arbeitest nur immer für ihn, und er führt
Dich an der Nase herum. Aber warte! ich will Dich
schon lehren: wirst Du mir das Geld nicht zahlen, so
reiße ich Dir die Mütze ab, bei Gott, das will ich thun!
Was soll denn das heißen! Immer nur zwanzig Kopeken
abzahlen? Was kann ich mir kaufen für zwanzig Kopeken?
Vertrinken — nichts weiter. Er jammert mir vor:
„Große Noth!" Du hast immer Noth; und ich soll gar

keine Noth haben? Du haft Haus und Vieh und allerlei
gute Sachen, ich aber ftehe mit Allem da, ein armer
Teufel; Du haft Dein Brod zu Haus, ich muß mir Alles
kaufen; weiß Gott, wo ich es hernehmen foll, — drei
Rubel wöchentlich für Brod allein zu bezahlen. Werde
nach Haus kommen, und das Brod wird alle fein. Gleich
wieder anderthalb Rubel auf den Tisch. Darum follst
Du mir abgeben, was mir gehört . . ."

So mit sich redend, näherte sich der arme Schuh=
macher, an einer Krümmung des Weges abbiegend, einer
Kapelle, und dicht an derselben sieht er etwas Weißliches
hervorschimmern. Es fing schon an dunkel zu werden;
der Handwerksmann blickte forschend hin, konnte jedoch
nicht herausfehen, was da so schimmerte. „Ein Stein,"
denkt er bei sich, „ist hier doch nicht zu fehen gewesen.
Ein Vieh? Nein: es sieht einem Vieh gar nicht ähnlich.
Eher wohl einem Menschen gleich — nur sonderbar hell
und zart. Doch was sollte ein Mensch hier zu suchen
haben?"

Er trat näher hin — da sah er das Seltsame deut=
lich. Was für ein Wunder! Gerade wie ein Mensch war
es, ob lebend oder todt, mit bloßem Leibe dasitzend, an
die Kapelle gelehnt, regungslos vor sich hinstarrend . . .
Furcht und Grauen packten den Handwerksmann, denn
er bedachte im Stillen: „Räuber haben wohl einen
Menschen erschlagen, ihm alle Kleider ausgezogen und
ihn hier liegen lassen. Wer da zu nahe tritt, kann für
das ganze Leben genug kriegen."

Und der Schuhmacher ging schnell vorüber. Er bog

um die Ecke — das Schreckliche war nicht mehr zu sehen. Er schritt an der Kapelle vorbei, blickte einmal zurück und gewahrte: der Mensch saß nicht mehr an die Mauer gelehnt, er bewegte sich nach vorne, schien etwas zu suchen mit den Augen. Mit Zittern und Zagen stand der Schuh= macher stille, in seinem Innern bewegend: „Soll ich doch hingehen — oder schnell machen, daß ich fortkomme? Trete ich näher — könnt' es mir übel ergehen, wer weiß, was für ein Mensch das ist. Wohl gar wegen arger Sachen hierher gerathen. Du wirst zu ihm treten, und plötzlich wird er aufspringen und Dich würgen, Dich nicht mehr loslassen; und wird er auch nicht so gewaltthätig sein, so hast Du fortan Deine liebe Noth mit ihm. Was willst Du mit ihm anfangen? Er hat ja gar keine Kleider an. Doch nicht Dir selbst das Letzte vom Leibe reißen, ihm alles hingeben? Davor bewahre uns der liebe Gott!"

Und der Schuhmacher beschleunigt seine Schritte. Schon ist er eine Strecke davon, da mahnt ihn eine Stimme tief im Innern, läßt ihn nicht weiter gehen.

Wie festgehalten hielt er stille.

„Was ist das?" schilt er sich: „Bruder Semen, wie willst Du handeln? Ein Mensch in arger Noth liegt da im Sterben, und Du zitterst wie ein blödes Kind und willst an ihm vorbei. Hast Du etwa große Schätze ge= hoben? Fürchtest Du, man werde Deine Herrlichkeiten rauben? Ai, Sëma, das ist nicht recht!"

Semen kehrte schnell um und schritt auf den Unbe= kannten zu.

II.

Er tritt näher zu dem Fremden, betrachtet ihn und erkennt: — Ein ganz junger Mensch ist es, bei Kraft und Gesundheit, keine Spuren der Gewaltthat an seinem Körper, nur ganz durchfroren scheint er und verängstigt — sitzt wieder gelehnt an die Kapelle, blickt gar nicht auf Semen, — ist wohl schon ganz von Kräften, kann auch die Augen nicht aufthun . . . Semen trat dicht vor ihn hin, und da war es, als erwache der Mensch plötzlich aus einem Schlaf — er drehte den Kopf herum, schlug die Augen auf und blickte auf Semen. Und mit diesem einen Blick stahl er sich gleich tief in's Herz hinein. Der Schuhmacher warf die Filzstiefel zur Erde, nahm seinen Ledergurt ab, legte ihn zu den Stiefeln, zog seinen Kaftan aus.

„Genug," sagte er, — „ich sehe ja schon . . . Willst Du das anziehen? Steh' mal auf . . ."

Semen griff dem Unbekannten unter die Arme, half ihm auf. Der Mensch erhob sich. Da gewahrte Semen einen zarten feinen Körper von seltener Reinheit, Hände und Füße ohne Schwielen und ein holdseliges Antlitz. Schnell warf er ihm den Kaftan über die Schultern. Der Fremde traf nicht in die Aermel. Semen lenkte ihm die Arme, zog ihm den Kaftan an, legte die Schöße über einander, gab seinen Ledergurt dazu.

Semen nahm auch schon die zerrissene Ledermütze von seinem Kopf, wollte sie dem Bruder aufsetzen, aber da fuhr es ihm bitter kalt über das Haupt, und er bedachte: „Ich habe eine Glatze über den ganzen Kopf, er aber hat dichtes Kraushaar." Und er setzte sich die Mütze wieder auf. „Will ihm doch lieber Fußbekleidung geben." Er hieß ihn niederfiten, zog ihm die alten Filzstiefel an.

Nachdem er ihn so gekleidet, sprach er herzlich:

„So recht, mein Brüderchen, jetzt mache Dir 'mal Bewegung, daß Du wieder warm wirst. Mit diesen Sachen hier wird man auch ohne uns fertig werden. Kannst Du gehen?"

Da steht der fremde Mensch, blickt so lieb und gut auf Semen, kann aber kein Wort herausbringen.

„Warum redest Du nicht? Willst doch nicht über= wintern hier? Wir müssen eilen unter Dach. Schau Bruder, da hast Du meinen Stock, stütze Dich auf, wenn Du schwach bist. Suche Dich 'mal in Bewegung zu setzen."

Und der Mensch geht. Leicht schreitet er dahin, bleibt nicht zurück.

Neben einander wandeln sie, und da beginnt Semen zu fragen:

„Wem, Bruder, magst Du wohl gehören?"

„Ich bin nicht von hier!"

„Die von hier sind, kenne ich alle gut. Will sagen: Wie bist Du zu uns gerathen, dort zu der Kapelle?"

„Das darf ich nicht sagen."

„Gewiß haben Dich böse Menschen geplagt?"

„Kein Mensch hat mir Leides gethan. Mich hat Gott bestraft."

„Wohl wahr: es kommt Alles von Gott, — aber man muß doch irgend wohin gehen wollen. Wohin zieht es Dich fort?"

„Mir sind alle Wege gleich." ·

Das wunderte Semen. Einem Taugenichts und Lästerbuben sah er noch gar nicht gleich, seine Rede war sanfter Art, und doch wollte er nicht sagen, wie es um ihn bestellt. Der Schuhmacher dachte bei sich: — „Mein Gott, man lernt doch nimmer aus in dieser Welt;" und sprach zu dem Fremdling:

„Je nun, komm doch ein wenig zu mir in's Haus, magst da ein Stündlein rasten."

Semen ging rüstig voran nach seinem Heim, der Fremdling blieb auch nicht zurück. Ein Windstoß fuhr daher, drang Semen mit schneidender Kälte unter's Hemd — und hin ward ihm der wärmende Rausch, der Frost packte ihn bitterlich. Immer hastiger eilte er vorwärts, pustend und keuchend, des Weibes Jäckchen fester an sich ziehend und trübe sinnend: „Das ist mir aber ein sauberer Pelz: bin ausgegangen, einen Pelz zu kaufen, und kehre ohne Rock zurück, führe noch einen nackten Menschen mit heim. Matrena wird's nicht loben!" Und wie ihm seine Matrena nun einfiel, da krampft es ihm das Herz zusammen. Er blickte nur verstohlen auf seinen Schützling, erinnerte sich jenes holdseligen Anblickes bei der Kapelle, und das Herz jubelte wieder helle auf.

III.

Semen's Weib hatte frühzeitig ihr Tagewerk vollbracht. Sie hatte Holz zurecht geschlagen, Wasser getragen, den Kindern das Abendbrod gegeben, selbst etwas genoſſen — und ging endlich ſorgend mit ſich zu Rathe, wann ſie neues Brod backen ſolle: heute oder morgen? Es war noch ein großes Kunſtſtück nachgeblieben.

„Falls," überlegt ſie, „der Semen dort ein Mittag= eſſen gehabt und folglich heute Abend zu Hauſe nicht mehr viel nehmen wird, ſollten wir auf morgen noch Brod genng haben."

Drehte ihn lange hin und her, ihren übrigen Knuſt, und beſchloß im Stillen: „Will heute das Brodbacken noch laſſen. Mehl haben wir ſo wie ſo nur für das eine Mal im Vorrath. Bis Freitag müſſen wir noch auskommen."

Matrena hob das Brod gut auf, ſetzte ſich an den Tiſch und begann einen Flicklappen auf ihres Mannes Hemd zu nähen. Fleißig ſchaffte ſie mit ihrer Nadel und war in Gedanken bei ihrem Semen — wie er das nöthige Schaffell für den Pelz kaufen würde.

„Daß ihn der Gerber nur nicht betrüge! Gar zu aufrichtige Seele, bei Gott, der Meinige. Er ſelbſt wird Niemandem ein Haar krümmen, ihn aber kann auch ein Kindlein an der Naſe führen. Acht Silberrubel Geld iſt wahrlich keine Kleinigkeit. Dafür kann man ein präch= tiges Pelzchen haben. Zwar ohne Ueberzug, aber doch einen Pelz. Wie haben wir unſere liebe Noth gehabt den vorigen Winter ohne Pelz! Weder an's Bächlein, noch ſonſt weiterhin. Und heute iſt er auf und davon, hat Alles an ſich genommen, für mich iſt kein warmes Kleid mehr da. Früh Morgens iſt er aufgebrochen — bald Zeit, daß er heim ſei. Iſt er wohl gar in's Trink= haus gegangen, mein Herzblatt?"

Eben dacht' es Matrena, da knarrten die Stufen
der Haustreppe, Jemand kam herein. Matrena steckte
ihre Nadel fest und trat hinaus auf. den Flur. Da
schaut sie — zwei Männer sind hereingetreten: Semen
und mit ihm ein fremder Bauersmann, ein wunderlicher
Kauz ohne Mütze und in hohen Filzstiefeln.

Sogleich spürte Matrena den Branntweingeruch von
ihrem Gatten. „Ach Gott," denkt sie, „mein Herz hat
es vorausgeahnt, er hat getrunken!" Als sie gar merkte,
daß er ohne Kaftan war, nur in dem alten Jäckchen, und
gar nichts heimgebracht hatte, wie ein armer Sünder
schweigend sich herumbrückte, da wollt' es dem Weibe das
Herz schier brechen. „Vertrunken, verschleudert hat er
das liebe Geld, alles verbraucht mit einem Bruder
Liederlich und diesen noch mit heimgenommen."

Matrena ließ die Männer in die Stube, kam selbst
herein. Und da schaut sie — der fremde Mann, blut=
jung, hager und zart, trägt ihren Kaftan am Leibe. Ein
Hemd ist unter dem Kaftan nicht zu sehen, eine Mütze
hat er auch nicht. Wo er eingetreten, ist er plötzlich
stehen geblieben, rührt sich nicht vom Fleck, wagt nicht,
die Augen zu erheben. Und Matrena meint: „Der ist
gewiß kein guter Mensch — ich fürchte mich . . ."

Das Weib machte ein verdrießliches Gesicht, zog sich
an den Ofen zurück, sah zu, was daraus werden solle.

Semen nahm die Mütze ab, setzte sich auf die Bank,
that wie ein guter Wirth:

„Wohlan," sagt er, „liebes Weib, willst Du uns
ein Abendessen geben?"

Matrena brummte nur undeutliche Laute vor sich hin. Wie sie dastand an dem Ofen — blieb sie starr wie eine Bildsäule: schaute prüfend bald den Einen, bald den Andern an und schüttelte nur mißmuthig den Kopf. Semen erkannte, daß sein Weib voll Bitterkeit; aber was war zu machen: er that, als merke er nichts davon, faßte den Frembling bei der Hand.

„Setze Dich zu mir," sagt er freundlich: „komm', Bruder, wir wollen zusammen essen."

Der Frembling ließ sich zaghaft nieder auf die Bank.

„Sage doch, Weib, hast Du nichts gekocht?"

Der Matrena lief die Galle über. „Gekocht habe ich freilich, aber nichts für Dich. Du hast ja, wie ich leider sehe, auch den Verstand vertrunken. Bist auf den Pelzkauf ausgegangen und ohne Kaftan heimgekehrt; hast mir zum Ueberfluß da noch einen nackten Land=streicher in's Haus gebracht. Für Euch, Tagediebe und Trinker, habe ich hier kein Abendessen."

„Stille, Matrena, Du plapperst da lauter dummes Zeug mit Deiner schnellen Zunge! Frage doch zuerst: wer dieser Mensch . . ."

„Du sage mir zuerst, wo unser Geld geblieben!"

Semen fuhr mit der Hand in die Kaftantasche, zog den Dreirubelschein hervor, reichte ihn seiner Ge=strengen.

„Hier ist unser Geld; der Bauer Trifonow hat nichts bezahlt, er hat es auf morgen versprochen."

Immer bitterer schwoll es auf in Matrena: keinen Pelz hatte er gekauft und den letzten Kaftan einem nackten Menschen an den Hals geworfen, den Taugenichts noch mit nach Haus geführt.

Hastig nahm sie das Papiergeld an sich und trug es in Sicherheit, gegen die Männer grollend:

„Habe kein Essen für Euch. Hätte viel zu thun, wollte ich alle Saufbrüder satt füttern."

„Ach, Matrena, dummes Weib, halte Deinen Mund! Höre 'mal erst, was man Dir sagen wird . . ."

„Wunder was für Weisheit werd' ich da zu hören kriegen — von einem trunkenen Einfaltspinsel. Ich wußte ja wohl, weshalb ich Dich nicht zum Manne wollte, Du ekler Säufer: Mutter hat mir schöne Leinwand gegeben — Du hast sie vertrunken; anstatt einen Pelz zu kaufen, läufst Du in's Branntweinhaus!"

Semen will seinem Weibe erklären, daß er ja nur zwanzig Kopeken vertrunken habe, will auch sagen, wo er den Frembling gefunden — aber Matrena läßt ihn gar nicht zu Worte kommen: wo sie's nur alles her= nimmt, das schnelle Geplapper, immer zwei Wörter zumal poltert sie heraus. Was vor zehn Jahren sich ereignet, auch das fällt ihr nun geschwinde ein.

Zeterte und plapperte, die ergrimmte Matrena, noch eine lange Weile fort, fuhr endlich auf ihren Semen los, packte ihn hart am Aermel.

„Gleich gieb meine Unterjacke her! Meine einzige gute Jacke, auch die hast Du mir genommen, das Ding Dir über den Bauch gespannt. Gleich gieb sie her, ab= scheulicher Hund, und daß Dich nur gleich der Schlag rühre, Trunkenbold!"

Semen, keines Wortes mächtig, suchte die Kuzaweika (gefütterte Aermeljacke) von sich abzustreifen, zog einen Aermel aus; das Weib riß an dem andern Aermel, daß die Jacke in allen Nähten krachte. Nahm das Ding an sich, warf es sich über den Kopf und flog an die Thür. Hinauseilen wollte sie — aber es hielt sie etwas fest: das Herz in der Brust pochte so stürmisch — halb drängt' es sie, mehr Böses zu verüben, halb wieder zu erkunden, was für ein Mensch dieser Fremde sei.

IV.

Matrena verweilte noch und sprach:

„Wäre er ein guter Mensch, so würde er gewiß nicht nackt einhergehen, und er hat ja nicht einmal ein Hemd auf dem Leibe; führten ihn gute Werke daher, Du hättest mir wohl gesagt, wo Du diesen Prachtjungen aufgegriffen."

„Ich will es Dir ja gerade sagen: ich gehe meines Wegs, und an der Kapelle sitzt dieser Mensch, ohne Kleider, starr vor Kälte. Kein Sommer jetzt — so splitterfadennackt zu sitzen. Gott hat mich zu ihm geführt, sonst wäre er jämmerlich um's Leben gekommen. Denke 'mal nach, was sollte ich thun? Man weiß ja nicht, was Alles in der Welt geschehen kann! Faßte mich rasch, gab ihm von unseren Kleidern und führte ihn her. Darum tröste Dein wildes Herz. Fürchte der Sünde Schuld, Matrena. Wir müssen Alle sterben."

Matrena, wohl geneigt, mehr böse Worte zu geben,

warf einen scheuen Blick auf den Fremdling und verstummte. Der wunderliche Mensch saß da, ohne ein Glied zu rühren, auf dem äußersten Rande der Bank. Die Hände hielt er gefaltet über den Knieen, das Haupt auf die Brust gesenkt, die Augen beharrlich geschlossen, und düsterer Unmuth lagert' auf seiner Stirn, gerade als raube ihm etwas den Athem. Kein Wort kam über Matrena's Lippen. Semen hub zu reden an.

„Matrena, bist Du denn ganz von Gott verlassen?!"

Ergreifend klang dieses Wort an Matrena's Ohr; sie blickte abermals auf den Fremdling, und wie eine Bergeslast wich es von ihrer Seele. Matrena schritt weg von der Thür, eilte nach der Ofenecke, langte das Abendessen hervor. Sie setzte ein Näpfchen auf den Tisch, goß von ihrem Kwaß in das Näpfchen, legte den letzten Knust den Männern vor. Auch Messer und Löffel gab sie dazu.

„So esset denn, was da ist," sagte sie. Semen nöthigte den Fremdling vor.

„Mache Dich wacker daran, junger Freund."

Semen schnitt ein Stück von dem Brod, brockte es ein, und sie fingen an zu löffeln. Matrena ließ sich an einer Ecke des Tisches nieder, stützte sich mit dem Ellbogen auf und starrte beharrlich auf den Fremdling.

Und da dauerte er sie tief, der arme junge Mensch, sie schloß ihn auch gleich in ihr Herz. Und plötzlich flog es wie ein Freudeleuchten über des Unbekannten Züge, seine Stirne glättete sich, er schlug die Augen auf gegen Matrena und zeigte ein zartes Lächeln ...

Die Männer hatten sich's schmecken lassen; das Weib räumte das Geschirr vom Tisch und befragte den Fremdling:

„Wem gehörst Du denn, junger Mensch?"

„Ich bin nicht von hier."

„Aber wie bist Du auf unseren Dorfweg gerathen?"

„Das darf ich nicht sagen."

„Wer hat Dich ausgeplündert?"

„Mich hat Gott bestraft."

„Und Du lagst wirklich mit bloßem Leibe bei der Kapelle?"

„So lag ich da, im Frost erstarrend. Da erblickte mich Semen, hatte Erbarmen mit meiner Noth, nahm seinen Kaftan ab, zog ihn mir an und hieß mich einkehren in sein Haus. Und hier hast Du mir Hunger und Durst gestillt, Mitleid gefühlt mit meiner Lage. Gott schenke Euch die ewige Seligkeit!"

Matrena stand auf, nahm ein altes Hemd ihres Gatten von dem Fensterbrett — das nämliche Hemd, auf welches sie eben erst einen Flicklappen genäht — und reichte es dem Fremdling; auch ein Paar Unterhosen fand sie; gab sie dazu.

„Da, nimm hin, Bruder, ich sehe wohl, daß Du kein Hemd hast. Ziehe das an, und wähle Dir ein Lager, wo es Dir gefällt: auf dem Hängeboden, oder auf dem Ofen."

Der Fremdling legte den Kaftan an, wählte sich die Lagerstätte auf dem Hängeboden. Matrena löschte das Licht aus, nahm den Kaftan und machte sich an ihres Mannes Seite.

Mit dem halben Kaftan dürftig zugedeckt, liegt das Weib und findet keinen Schlaf: der wunderliche Gast will ihr nicht mehr aus dem Sinn.

Wenn sie bedenkt, daß auch das letzte Stück Brod vollends aufgezehrt und für morgen nichts übrig ist, wenn es ihr wieder einfällt, daß sie des Mannes Hemd und Unterhosen verschenkt hat, wird es ihr bitter weh um's Herz; — Doch schaut sie 'mal im Geiste, wie so wundermild der arme Junge gelächelt, da hüpft ihr gleich das Herz im Leibe.

Lange noch konnte Matrena nicht einschlafen, und sie merkte wohl — Semen hatte auch keinen Schlaf, zog den Kaftan immer auf sich.

„Semen!"

„Was?"

„Das letzte Stück Brod ist aufgegessen, und ich habe kein neues bereit gestellt. Ich weiß gar nicht, was wir morgen essen sollen. Soll ich die Gevatterin Malanja um Aushülfe bitten?"

„Werden wir noch leben, so werden wir auch satt essen."

Eine Weile lag das Weib in tiefem Schweigen.

„Man sieht ja wohl, daß er ein guter Mensch ist — aber warum sagt er denn immer nicht, wer er ist?"

„Gewiß hat man's ihm verboten."

„Aber höre 'mal, Sëma!"

„Was denn noch?"

„Wir sollen nur immer geben, — aber warum will uns kein Mensch was geben?"

Semen wußte darauf keine Antwort. Er brummte nur unwillig: „genug des Geplappers!“ Drehte sich auf die andere Seite und schlief fest ein.

———————

V.

Den anderen Morgen erwachte Semen später als gewöhnlich. Die Kinder schliefen noch, das Weib war zu den Nachbarsleuten fort, eine kleine Anleihe zu machen.

Der räthselhafte Fremdling von gestern, bekleidet mit den alten Unterhosen und dem Hembe des Schuh= machers, sitzt schon unten auf der Bank und blickt zur Höhe. Sein Antlitz ist noch um einen Schein heller als gestern. Semen spricht zu ihm:

„Höre 'mal, liebes Haupt: der Leib will Nahrung haben, und der bloße Körper Kleider. Man muß sein Brod verdienen. Verstehst Du auch zu arbeiten?“

„Ich verstehe gar nichts!“

Erstaunt prallte Semen zurück; dann sagte er:

„Wenn Du nur Lust und Liebe hast! Der Mensch kann Alles lernen.“

„Arbeiten die Menschen hier, so will auch ich arbeiten.“

„Wie soll man Dich heißen?“

„Michael.“

„Wohlan, lieber Michael, über Dich selbst willst Du mir nichts sagen — Deine Sache, — aber Brod ver= dienen ist nöthig. Wirst Du fleißig arbeiten, meiner

Weisung folgen, sollst Du auch Kleider und Nahrung haben."

„Gott helfe Deiner Seele, — ich will immer fleißig lernen. Zeige mir, was ich schaffen soll."

Da nahm Semen den Pechdraht, — ungerollten, spannte ihn über die Finger und ging an sein Tagewerk.

„Gar keine Kunst, schau 'mal her . . ."

Michael gab sein Acht, spannte den Draht auch über die Finger, griff die Sache genau so an, brachte das Gleiche fertig.

Der Reihe nach, von Kinderspiel zu harten Nüssen übergehend, zeigte ihm der Meister allerlei Verrichtungen seines Handwerks und hatte seine Lust an dem Geschick und hellen Kopf des neuen Lehrlings. Welche Arbeit Semen auch wählen mochte, Alles ging glatt von der Hand, und am dritten Tag fing der Geselle an zu schaffen, als hätte er sein Lebetag nur geschustert. Er arbeitete unablässig fort, war mäßig im Essen; und blieb die Arbeit zu Zeiten aus — saß er schweigsam, immer zur Höhe blickend. Auf die Straße ging er niemals, nahm kein unnöthiges Wort in den Mund, scherzte nicht, lachte auch nicht.

Ein einziges Mal nur hatten sie ihn lächeln sehen: Gleich am ersten Abend, wie das Weib den Tisch abgeräumt.

VI.

Tag um Tag, Woche um Woche gingen dahin, bald war ein Jahr herum. Und immer noch war Michael bei dem Meister Semen als ein tüchtiger Geselle. Bereits stand der neue Schuhmacher im stolzen Ruf, daß Niemand so sauber und solide als er arbeite. Weither aus der Umgegend strömte neue Kundschaft zu dem Dorfschuhmacher, Alle lobten seine Arbeit, und da mehrte sich der Wohlstand in Semen's Haus.

Im starren Winter eines Tages saßen sie beisammen, Semen und Michael, verrichteten ihre Arbeit; da kam eine Schlittenkutsche, von schellenbehangenem Dreigespann gezogen, vor der Hütte angesaust. Die Schuhmacher blickten zum Fenster hinaus, die Kutsche hielt gerade vor ihrer Nase; ein junger Stutzer sprang von dem Kutschbock herab, öffnete den Wagenschlag. Ein feiner Herr im Schuppenpelz stieg aus dem Schlitten. Schaute um sich, schritt gleich zu dem Schuhmacherhaus, stieg auf die Haustreppe. Matrena sprang heraus, sperrte die Thür weit auf. Der vornehme Herr bückte sich, kam herein in die Stube, reckte sich wieder auf, und es fehlte nur wenig, so hätte er mit dem Kopf an die Decke gestoßen, — im ganzen Winkel machte er sich breit.

Semen erhob sich, machte eine tiefe Verbeugung und hatte sein Wunder an dem fremden Herrn. Nicht einmal von Weitem hatte er je so feine Leute geschaut. Semen selbst ist wettergebräunt und verrunzelt, Michael ist hager und zart, Matrena vollends klapperdürr — dieser hingegen, just wie ein Wesen aus anderer Welt, sieht zum Erstaunen aus: Das Gesicht über und über roth, mit Blut unterlaufen, der Nacken wie der eines Stieres, der ganze Mensch wie von Gußeisen.

Der Herr athmete schwer, nahm seinen Pelz ab, setzte sich auf die Bank und sprach:

„Wer ist der Meister dieser Werkstatt?"

Semen trat vor und sagte:

„Ich bin es, Euer Wohlgeboren."

Der Herr rief seinen jungen Begleiter herzu.

„Hei, Fedka, gieb' mal die Waare her!"

Der junge Stutzer kam angelaufen, trug ein Bündel=chen herein. Das nahm der Herr und legte es auf den Tisch.

„Bind' es mir los," sagt er. Der Junge band es los.

Der Herr klopfte mit dem Finger auf ein Stiefel=leder und sprach zu Semen:

„Nun, höre mal, Du Schuhmacher und Meister: Siehst Du diese Waare?"

„Ja, ich sehe sie," lispelt Semen, — „Euer Hoch=wohlgeboren."

„Aber verstehst Du auch zu schätzen, was für eine Waare das ist?"

Semen befühlte das vorliegende Leder und erklärte: „Feine Waare."

„Das wollt' ich meinen! Du Bauerlümmel hast wohl in Deinem Leben so schöne Waare nicht gesehen. Das ist deutsche Waare, — verstehst Du mich? Zwanzig Rubel dafür bezahlt."

Semen sank das Herz tief hinab, er sagte kleinlaut:

„Wo sollte unsereins so was zu sehen kriegen?"

„Das meine ich auch. Sage 'mal, kannst Du von diesem Leder auf meinen Fuß Stiefeln meistern?"

„Das kann ich wohl, Euer Hochwohlgeboren."

Da brauste der Vornehme gar zornig auf:

„Was kannst Du wohl?! Begreifft Du auch für wen Du arbeiten sollst, und von was für einem Leder? Stiefel sollst Du mir machen, daß sie, ein volles Jahr getragen, nicht schief und nicht abgenützt werden, daß sie nirgends Risse und Sprünge bekommen. Kannst Du das — so übernimm die Arbeit, zerschneide die theure Waare; kannst Du's nicht — so sage Dich los von der Sache, rühre mir die Waare nicht an! Ich warne Dich im Voraus — werden die Stiefel Risse und Sprünge bekommen oder sonst wie Schaden nehmen, werden sie schief getreten sein vor einem Jahre, so lasse ich Dich ohne Erbarmen in's Gefängniß werfen; werden die Stiefel gut sein, ein Jahr lang ohne Schaden halten, so will ich zehn Silberrubel für die Arbeit zahlen."

Semen sank aller Muth, er wußte nicht, was er sagen sollte. Und er warf einen fragenden Blick auf den Gesellen Michael. Als darauf kein Rath erfolgte, stieß er den jungen Freund mit dem Ellbogen an und flüsterte:

„Sollen wir annehmen?"

Michael nickte bejahend mit dem Kopf: „Du kannst," meint er, „die Arbeit getrost annehmen."

Semen folgte diesem Rath: er übernahm es, so gute Stiefel zu machen, daß sie ein rundes Jahr weder schief noch schadhaft würden.

Da rief der Herr wieder seinen Diener, hieß ihn den Stiefel von seinem linken Fuß abziehen, streckte den Fuß hin.

„Nimm mir das Maß!"

Semen nähte Papierstreifen zusammen, zehn Werschok lang, strich sie fein glatt, ließ sich auf die Kniee nieder, rieb seine Hand noch einmal tüchtig an der Schürze ab, daß er des Herrn Strumpf nicht beschmutzte, und begann Maß zu nehmen. Semen vermaß die Sohle, den Fußrücken, fing an die Wade zu messen, — das Papiermaß reichte nicht herum. Das Bein an der Wade war balkendick. „Gieb Acht, daß der Stiefelschaft nicht zu eng wird."

Semen beeilte sich, noch ein Papierstreifchen anzunähen. Der Herr saß nachlässig da, täppelte mit den Zehen im Strumpf, musterte die Insassen der Hütte. Da fiel sein Blick auf den Michael.

„Wer ist dieser Mensch," fragte er, — „wohl bei Dir in der Lehre?"

„Das ist ja mein junger Meister, der soll Euch die Stiefel machen."

„Hüte Dich, junger Mensch," warnte der Herr auch den Michael, „denke daran, was ich gesagt habe: ein rundes Jahr sollen die Stiefel gut bleiben." Auch Semen blickte zu Michael herum — und da schaut er: Michael würdigt den Herrn keines Blickes, seine Augen haften beharrlich an dem Winkel über dem Fremden, als betrachte er da etwas. Schaute und schaute, der kluge Michael, und auf einmal flog ein Lächeln über seine Züge, daß er ganz verklärt schien.

„Was soll mir das, alberner Tölpel, was hast Du zu grinsen? Sorge Du besser fleißig, daß mir die Stiefel zu rechter Zeit fertig werden."

Darauf entgegnete Michael:

„Sie werden gerade zur Zeit kommen, wann sie nöthig sind."

„Das ist mein Befehl."

Darauf zog der Herr seinen Stiefel wieder an, legte den Pelz um, schlug ihn vorne zusammen und schritt zur Thür. Da vergaß er das Bücken und stieß hart mit seinem Kopf an die Oberschwelle.

Schimpfte und wetterte gar fürchterlich, der noble Herr, rieb sich den Kopf, eilte an seinen Schlitten, stieg ein und fuhr davon.

Fort war der schwere Besuch. Semen athmete erleichtert auf.

„Großer Gott, ist Der aber eisenhart! Auch mit dem Schlägel wirst Du Den nicht abthun. Hat mir wahrhaftig den ganzen Thürstock aufgehoben, und das macht ihm gar keine Schmerzen."

Die Matrena gab auch ihren Senf dazu:

„Bei so einem Leben, wie es die Herren haben, muß man wohl feist und glatt werden. Diesen Schmied= hammer wird auch der Tod schwerlich wegnehmen."

VII.

Ein Weilchen später bemerkte Semen zu Michael:

„Angenommen haben wir die Arbeit nun wohl, aber daß uns nur kein Unheil daraus erwachse! Die Waare ist sehr kostbar, und der Herr ist ein Querkopf. Wie leicht ist ein kleiner Fehler gemacht! Jetzt zeige 'mal Deine Kunst, Deine Augen sehen noch schärfer, auch ist in Deinen Händen bereits mehr Geschick als in den meinen — da hast Du das Maß. Du sollst die Waare zuschneiden, ich will dann die Kopfstücke zusammennähen."

Kein Wort der Widerrede von Michael. Er nahm das feine Leder, breitete es aus über den Tisch, legte es doppelt zusammen, griff nach der Scheere und fing an zu schneiden.

Matrena trat von ungefähr herzu, schaute hin, wie der Michael zuschnitt, und war ganz verwundert, was denn daraus werden solle. Aus langer Gewohnheit kannte sie das Schuhmacherhandwerk, und hier wollte sie ihren Augen nicht mehr trauen — der Michael schnitt das kostbare Leder gar nicht nach Regel und Ordnung, sondern in lauter runde Stückchen.

Wollte gerne etwas sagen, die Matrena, aber im Innern wehrte eine Stimme: „Ich muß wohl nicht recht begriffen haben, wie der Herr die Stiefel wünscht, der Michael wird es am besten wissen — soll mich nicht darein mischen . . ."

Bald hatte Michael das Paar zurecht geschnitten; er nahm ein Stück und begann zu nähen — nicht wie es sonst der Brauch, zu zwei Enden, sondern zu einem

6

wie man die sogenannten Kahlschuhe (auf bloßen Füßen
zu tragen) gewöhnlich näht.

Auch darüber wunderte sich Matrena, doch sie ent=
hielt sich jeder Bemerkung. Michael nähte unverdrossen.
So kam die Vesperstunde. Semen kam einmal nach=
schauen, was der Geselle gefördert: — Der Michael
hatte aus des reichen Herrn Leder ein Paar Kahlschuhe
genäht.

Semen schlug die Hände zusammen. „Mein Gott,"
denkt er, „ein volles Jahr ist der junge Mensch bei mir,
nicht den geringsten Fehler hat er gemacht, und jetzt muß
er mir auf einmal so großen Schaden anrichten. Der
Herr hat Zugstiefel mit Randsohlen bestellt, und er hat
ganz dünne Schuhe ohne Sohlen genäht, die kostbare
Waare verhunzt. Wie soll ich nun mich abfinden mit
dem Herrn? So feine Waare ist wohl gar nicht aufzu=
treiben."

Und er spricht zu Michael:

„Was hast Du mir da angerichtet, liebes Haupt?
Du setzest mir ein Messer an die Kehle! Der Herr hat
doch Zugstiefel bestellt — was hast Du denn hier ge=
macht?"

Eben wollte er losdonnern, dem Michael gehörig
den Kopf waschen, — da poltert es außen an den Thür=
ring, Jemand klopft herzhaft an. Alle blickten zum
Fenster hinaus: ein Berittener ist da vor dem Haus —
bindet sein Pferd an. Schnell wird ihm geöffnet. Herein
tritt jener selbe junge Stutzer, der mit dem Herrn war.

„Guten Tag!"

„Guten Tag; was steht zu Befehl?"

„Die gnädige Frau hat mich hergeschickt wegen der neuen Stiefel."

„Was soll's mit den Stiefeln?"

„Damit hat's nun keine Noth, unser Herr braucht keine Stiefel mehr: Er hat das Zeitliche gesegnet."

„Mann, was redest Du?"

„Die lautere Wahrheit. Wie der Herr von Euch wegfuhr, sollte er nicht mehr nach Hause gelangen — der Tod überraschte ihn unterwegs in seinem Schlitten. Kamen zu Haus angefahren, eilten dem Herrn aussteigen zu helfen, und er lag schon wie ein Klotz, bleich und starr, mit vieler Mühe schafften wir ihn aus der Kutsche heraus. — Darum hat mich die gnädige Frau hergeschickt und mir aufgetragen: „Du sage dem Schuhmacher, daß Dein Herr, welcher Stiefel bestellt und theure Waare hinterlassen, in die Ewigkeit hinüber; darum sage dem Handwerksmann: Stiefel sind nicht mehr nöthig, er soll nur so schnell als möglich aus der nämlichen Waare ein Paar Todtenschuhe, wie sie auf bloßen Füßen getragen werden, fertig machen. Du kannst dort abwarten, bis die Schuhe fertig sind, und sie dann gleich mitnehmen." Darum bin ich schnell hergeritten."

Da sammelte Michael die Lederschnitzel vom Tisch, rollte sie zusammen, nahm die fertigen „Kahlschuhe," klappte sie aneinander, wischte sie mit der Schürze ab. Der jugendliche Stutzer nahm die Schuhe in Empfang.

„Lebet wohl, wackere Leute! Gute Zeit!"

VIII.

Seitdem war wieder ein Jahr herum, bald noch eines, und es ging endlich in's sechste Jahr, daß Michael bei dem Meister Semen lebte. Alles hatte den alten Lauf. Der feine Geselle ging nicht von Haus, sprach kein unnützes Wort und hatte alle die Zeit her mir zweimal gelächelt: Das erste Mal, als das Weib ihm ein Abendessen gereicht, das zweite Mal gegen den vornehmen Herrn. Immer neue Freuden erlebte Semen an seinem wackern Gesellen. Und niemals belästigte er ihn mit Fragen, woher Michael stamme; er hatte nur eine Sorge: Der junge Mensch könne am Ende wieder davon gehen.

Eines Tags saßen sie beisammen in dem Stübchen. Das Weib stellte Backtöpfe in den Ofen, die Kinder liefen auf den Bänken herum, guckten zu den Fensterlein hinaus. Semen schafft an einem Fenster, Michael sitzt vor dem andern, einen Hacken anklopfend.

Ein Knäblein kommt auf der Bank zu Michael gelaufen, stützt sich auf dessen Schulter und schaut zum Fenster hinaus.

„Onkel Michael, schau 'mal da, die Kaufmannsfrau mit den kleinen Mädchen will am Ende zu uns herein. Und das eine Mädchen hinkt."

Kaum hat der Knabe das gesprochen — da läßt Michael seine Arbeit fahren, kehrt sich nach dem Fenster und starrt auf die Straße.

Darüber wunderte sich Semen. Sonst hatte Michael niemals auf die Straße geblickt, jetzt hing er mit den

Augen an dem Fenster und schien sinnend etwas anzu-
schauen. Semen kam näher, that auch einen Blick hinaus:
und da schaut er — es kommt wirklich eine Frau zu
seinem Haus, sauber gekleidet, zwei kleine Mägdlein in
Pelzmänteln führt sie an den Händchen, und schöne bunte
Tücher tragen sie über den Schultern. Die Mägdlein
sind eins wie das andere, nicht auseinander zu kennen.
Nur muß das eine Kind sein linkes Füßchen beschädigt
haben — es geht etwas hinkend . . .

Die fremde Frau kam auf die Haustreppe, in den
Flur, tappte nach der Thür, faßte den Griff — machte
die Thür auf. Ihre beiden Mägdlein ließ sie voran
eintreten, dann trat sie selbst in die Stube.

„Guten Tag, Ihr Leutchen!"

„Bitte, nur herein, werthe Frau. Was ist gefällig?"

Die Frau ließ sich nieder an dem Tisch. Die Mägdlein drückten sich ängstlich an ihren Schooß: sie scheuten
fremde Menschen.

„Meine kleinen Mädchen sollen auf's Frühjahr neue
Schuhe haben."

„Gut, die wollen wir machen. Zwar haben wir
so kleine Schuhe noch gar nicht gemeistert, aber man
kann Alles. Wünschen Sie Ra: bschuhe oder Zeugstiefel-
chen mit Aufschlägen? Hier, mein Geselle Michael ist
ein Meister in allen Stücken."

Bei diesen Worten sah er sich um nach Michael
und wurde gewahr: — der Michael läßt seine Arbeit
liegen, sitzt müßig, verwendet kein Auge von den nied-
lichen Mägdlein . . .

Und wieder mußte Semen sich darüber wundern. Freilich, die Kinder waren ganz allerliebst: kohlschwarze Aeuglein, rundliche rothe Bäckchen, und so prächtige Pelz= chen und Tücher hatten sie an, aber dennoch war es dem Meister unbegreiflich, was der Michael so zu gaffen habe an den Kleinen, just als wären's ihm gute Bekannte.

Wunderte sich innerlich, der Semen, und begann mit der Frau zu reden, — den Preis zu bedingen. Sie waren bald im Reinen, der Meister setzte das Maß zu= sammen. Da hob die Frau das hinkende Kind auf ihren Schooß und erklärte:

„Dieser Kleinen mußt Du zweimal das Maß nehmen: für das krumme Füßchen sollst Du ihr einen Schuh machen, für das gerade — drei. Im Uebrigen haben die Mädchen gleiche Füßchen, eins wie das andere. Ein Zwillingspaar."

Semen nahm das Maß und sprach gegen das lahm= füßige Kind:

„Wie ist ihm das zugestoßen? Ist so ein hübsches Mädel. Etwa von Geburt an?"

„Nein, die Mutter hat es verdrückt."

Matrena legte sich darein, wollte auf den Grund sehen, wem die Frau gehöre und wessen die Kinder, — und da fragte sie:

„So bist Du also nicht die Mutter dieser Kleinen?"

„Weder Mutter, noch Verwandte bin ich den Mägd= lein, liebe Wirthin: ganz fremde Kinder — Pflegkinder."

„Nicht Deine Kinder, und Du sorgst so liebevoll für sie?"

„Wie soll ich wohl anders, liebe Wirthin? Beide hab' ich an meiner Brust genährt! Zwar hatte ich auch ein eigenes Kind, aber Gott nahm es zu sich; habe wohl nicht so treu für das eigene gesorgt, als für diese hier."

„Aber wem gehören die Kinder?"

IX.

Einmal in's Plaudern gekommen, erzählte die Frau wie folgt:

„Sechs Jahre sind es, denk' ich, nun gerade her, daß die Sache geschah. In einer Woche verloren die armen Würmchen Vater und Mutter. Dienstag hatte man den Vater in's Grab gelegt, am Freitag starb auch die Mutter. Drei Tage nach des Vaters Tod kamen diese hier zur Welt. Die Mutter blieb ihnen nicht einen Tag. Ich lebte dazumal mit meinem Manne im Bauerndorf. Die Verunglückten waren unsere Nachbarsleute, lebten Hof an Hof mit uns. Der Wirth, Vater dieser Kleinen, war ein menschenscheuer Christ, suchte Arbeit im tiefen Wald. Da fällte er eines Tags einen Baum, und dieser stürzte fehl, gerade auf den Mann, schlug ihn mitten durch. Die ganzen Eingeweide waren ihm herausgedrückt. Während man ihn forttrug, gab er den Geist auf; und sein Weib kam drei Tage später mit Zwillingen in die Wochen, — diese Herzchen waren's. Armuth, Verlassenheit, Jammer und Noth über alle Beschreibung! Die Arme lag ganz allein, keine alte Frau, kein junges Ding hatte sie bei sich. Nicht einmal nach der Hebamme

konnte sie schicken. Einsam und verlassen gebar sie, ebenso
starb sie. Als ich früh den andern Morgen hinging,
nach der Nachbarin zu schauen, — da trete ich ein zu
ihr, und sie, die gute Seele, liegt schon steif und kalt.
Und wie sie im Sterben war, hat sie sich auf das eine
Kindlein gelegt. Diese Kleine war's — und da hat sie
das Füßchen verdrückt . . . Ich rief die Leute aus der
Nachbarschaft zusammen: Da haben wir die Leiche ge=
waschen, angekleidet, einen Sarg bestellt, sie beerdigt.
Alles gute Leutchen. Die Mädchen waren mutterseelen=
allein. Wohin sollte man sie thun? Von den Weibern
war ich die einzige, welche ein Brustkind hatte. Mein
erstgeborenes Knäblein war's, ich stillte es die achte Woche.
So nahm ich denn die Mägblein vorderhand zu mir.
Die Bauern kamen zusammen, dachten lange nach und
beriethen, wohin mit dem Zwillingspaar, und sprachen
zu mir: „Du, Maria, behalte die Würmchen noch eine
Weile bei Dir, laß uns noch Zeit, die Sache reiflich zu
überlegen." Das gesunde Kind hatte ich schon einmal
gestillt, das verdrückte ließ ich ungenährt. Hatte keine
Hoffnung, daß es leben bliebe. Allein im Stillen mußte
ich denken: warum soll das engelreine Herzchen um=
kommen? und es faßte mich ein tiefes Mitleid. Auch
dem kranken Kinde gab ich die Brust: so nährte ich die
drei Kinder zugleich. Frisch und jung war ich ja und
bei Kräften, hatte gute Kost. Der liebe Gott gab mir
so reichen Segen in die Brust, daß ich für Alle genug
hatte. Waren Zweie gestillt, so wartete schon das Dritte.
Und da schickte mir Gott die harte Prüfung, daß ich

diese zwei Kinderchen aufnährte, mein eigenes jedoch im zweiten Jährchen in's Grab legen mußte. Mehr Kinder hat mir Gott nicht geschenkt. Des Hauses Güter aber mehrten sich. Jetzt leben wir nicht weit von hier, auf der Mühle eines Kaufmanns. Wir haben guten Lohn und ein behagliches Leben. Eigene Kinder haben wir nicht. Wie einsam und freudlos wäre mein Dasein, hätte ich nicht diese Mägblein! Wie sollte ich sie nicht lieben! Alles übrige Wachs an meiner Kerze — sind nur sie. —"

Tief gerührt drückte die gute Frau mit einer Hand das lahmfüßige kleine Mädchen an ihr Herz, während sie mit der andern Hand die Thränen aus ihrem Gesicht wischte.

Matrena stieß einen tiefen Seufzer aus und bemerkte sinnig:

„Da sieht man wieder, wie treffend das Sprichwort lautet: Ohne Vater und Mutter kann man sein Leben fristen, doch ohne Gott kann man nicht leben."

So plauderten sie noch eine Weile fort — und plötzlich zuckt es da wie ein Wetterleuchten, die ganze Stube erhellend, von jenem Winkel auf, wo der Geselle Michael saß. Alle blickten nach ihm herum —— und da wurden sie gewahr: — Der Michael sitzt da wie verklärt, die Hände über den Knieen gefaltet, blickt zur Höhe und lächelt.

X.

Die Frau mit den Mägblein hatte sich entfernt. Da erhob sich Michael von der Bank, legte seine Arbeit nieder, nahm die Schürze ab, machte gegen Meister und Meisterin eine tiefe Verbeugung und sprach:

„Laßt mich in Frieden ziehen, liebe Wohlthäter. Mir hat Gott nun verziehen. So wollet auch Ihr ver= zeihen . . ." Und da merken die Leutchen, daß von ihrem Michael ein wunderbares Leuchten ausgeht . . . Semen stand auf, bückte sich voll Ehrfurcht vor dem Gottesmann und sprach zu ihm:

„Ich erkenne, Michael, daß Du nicht ein gewöhn= licher Mensch bist, und so darf ich Dich nicht halten, darf Dich auch nicht Alles fragen. Das Eine nur mögest Du mir erklären: Weshalb zeigtest Du, als ich Dich auf= gefunden und in mein Haus geführt, ein so grämliches Gesicht, und als das Weib Dir ein Abendessen vorgesetzt, jenes strahlende Lächeln, von welchem Dein Aussehen heller und heller ward? Und ferner: als der vornehme Herr sich Stiefel bestellte, da lächeltest Du zum andern Mal, und von Stund an warst Du noch heller im An= gesicht. Und endlich: da diese Frau mit ihren Mägblein hereinkam, lächeltest Du zum dritten Mal, und ein wunder= bares Leuchten ging von Dir aus. Sage mir, Michael, was bedeutet dieses Leuchten um Dich her und weshalb hast Du eben diese drei Mal gelächelt?"

Und Michael antwortete ihm: „Daher geht das Licht von mir aus, weil ich Strafe gelitten und Gott mir nun die Schuld vergeben hat. Gelächelt aber habe ich jene drei Mal vor Freuden, weil ich drei Worte Gottes erfahren durfte. Zur Strafe sollte ich sie erfahren — diese Worte Gottes. Eines erfuhr ich, als Dein Weib

Mitleid fühlte mit meiner Noth, und das lockte mir das erste Lächeln. Das zweite Wort erfuhr ich, als der reiche Herr sich Stiefel bestellte, und das lockte mir das zweite Lächeln. Heut endlich, als ich die Mägdlein erblickte, habe ich auch das letzte, das dritte Wort Gottes erfahren, und das lockte mir das dritte Lächeln."

Semen fragte wieder:

„Sage mir, Michael, wofür hat Dich Gott bestraft und welches sind die drei Worte Gottes, die Du erfahren solltest?"

Und Michael antwortete ihm:

„Gott hat mich bestraft, weil ich wider Sein Gebot gehandelt. Ich war ein Engel im Himmel, und ich lehnte mich auf wider Gott.

Ja, ein Engel war ich in dem Himmel und da sandte mich Gott auf die Erde, einem Weibe die Seele zu nehmen. Ich kam hernieder geflogen und schaute: Ein Weib lag einsam und verlassen — in harter Pein, ein Zwillingspaar gebärend — zwei Mägdlein brachte sie zur Welt. Die kleinen Dingerchen streben zu der Mutter auf, und sie ist unvermögend, die hilflosen Geschöpfchen an ihre Brust zu nehmen. Da erblickte sie mich, die stille Dulderin, und sieht klar, daß Gott mich abgesandt nach ihrer Seele. Und bitterlich weinend spricht sie: „Engel Gottes! Meinen Mann haben sie eben erst in's Grab gelegt, ein Baum im Walde hat ihn erschlagen. Ich habe keine Schwester, keine Tante, keine Mutter, keine Seele, diese armen Waisen zu erziehen; darum nimm meine Seele noch nicht hinweg, laß mir noch Zeit, meine Kindlein selbst zu nähren und sie aufzuziehen. Wie sollten sie ihr Leben fristen, die armen Würmchen, ohne Vater und Mutter!" Und ich hörte auf die Stimme der Mutter, legte ihr ein Kindlein an die Brust, gab ihr das andere in den Arm und erhob mich alsbald himmelan zu Gott. Emporgeflogen vor Gottes Angesicht, gab ich Rede: „Ich habe es nicht vermocht, der Kindbetterin die Seele zu nehmen. Den Vater hat im Walde ein Baum erschlagen, die Mutter hat Zwillinge geboren und fleht mich an, ihre Seele jetzt nicht hinweg zu nehmen; sie spricht: „Laß mir noch Zeit, die Kindlein selbst zu nähren und sie groß zu ziehen. Wie sollen sie ihr Leben fristen, die armen Würmchen, ohne Vater und Mutter . . . Da konnte ich der Kindbetterin die Seele nicht herausnehmen." — Und Gott der Herr sprach zu mir: „Geh, nimm der Kindbetterin die Seele aus dem Leib; und erfahren sollst Du drei Worte: lernen sollst Du, was den Menschen innewohnt, was den Menschen nicht gegeben, und was die Menschen am Leben hält. Wenn Du die drei Worte gründlich erfahren hast, wirst Du in den Himmel zurückkehren." Ich flog zur Erde hernieder und nahm der Kindbetterin die Seele aus dem Leib.

Da fielen die zarten Kindlein von der Mutterbrust. Der leblose Körper sank schwer in das Bette, bedrückte das eine Mägdlein, renkte ihm ein Füßchen aus. Ich erhob mich über das Dorf, wollte die Seele zu Gott tragen — da erfaßte mich ein Wirbelsturm, die Fittige erschlafften, wurden mir abgerissen, und die Seele fuhr

allein zu Gott, ich aber sank zur Erde, — fand mich
am Wege vor Eurem Dorf."

XI.

Semen und Matrena gingen die Augen auf, wen
sie gekleidet und genährt hatten, wer alle die Zeit her
mit ihnen gelebt, und da brachen sie in Thränen aus
vor Gottesfurcht und Freude; und es sprach der Engel:

„Gottverlassen und mit bloßem Leibe lag ich am
Wege. Ehedem hatte ich kein Wissen von der mensch=
lichen Noth, kannte weder Hunger noch Frost, darum
ward ich ein Mensch. Ausgehungert und frosterstarrt
mußte ich Noth leiden, daß ich mir nicht zu helfen wußte.
Da erblickte ich im Felde — eine Kapelle, zu Gottes
Ehre errichtet; ging näher hin, wollte in dem Häuschen
Schutz suchen. Die Kapelle war verschlossen, ich konnte
nicht hinein. Da ließ ich mich an der Mauer nieder,
vor dem Winde mich zu schützen. Es wurde Abend,
Hunger und Frost plagten mich unerträglich, ich fühlte
die letzten Kräfte schwinden. Auf einmal sehe ich: —
ein Mensch kommt des Weges daher, Stiefel tragend,
mit sich selber redend. Und da schaute ich zum ersten
Mal eines Sterblichen Angesicht, nachdem ich selbst ein
Mensch geworden; und es graute mir vor dem Anblick,
daß ich mich zitternd abkehrte. Dann hörte ich wieder,
wie dieser Sterbliche mit sich selber sprach und sorgend
erwog, wie er seinen Leib vor Winters Kälte schützen,
womit er Weib und Kinder ernähren solle. Da mußte

ich denken: — „Ich verkomme hier in Hunger und Frost, und da geht ein Mensch vorüber, der einzig Sorge trägt, daß er sich und die Seinigen mit wärmender Kleidung und mit Nahrung versehe. Der kann mir gewiß nicht helfen. Der Mensch wurde mich gewahr, machte ein finsteres Gesicht, kam mir immer schrecklicher vor — schritt vorüber. Ich war der Verzweiflung nahe. Doch plötzlich merke ich, daß der Mensch wieder auf mich zu= kommt. Nur schnell einen Blick in seine Züge, und ich gewahre mit Erstaunen, daß es derselbe Mensch nicht mehr: erstlich lag in seinem Antlitz der grasse Tod, jetzt ist es das lichte Leben, und ich erkenne in ihm das Ebenbild Gottes. Er tritt zu mir, hüllt mich in seine Kleider, nimmt mich hinweg, führt mich in sein Haus. Wie wir da über die Schwelle treten, kommt uns ein Weib entgegen und beginnt zu reden. — Das Weib war viel schrecklicher noch als der Mann, der Todesgeist ging von ihrem Munde aus, ich verlor fast den Athem in der eklen Luft, so übel roch es nach Tod und Verwesung. Wieder hinausjagen wollte sie mich in die kalte Nacht, und ich wußte ja, daß sie sterben würde, sobald ihr böser Wille zur That geworden wäre. Und plötzlich mahnte sie ihr Mann an Gott. Das Weib war im Augenblick wie umgewandelt. Wie sie uns dann ein Abendessen reichte und mir aufmerksam in's Angesicht schaute, warf ich wieder einen Blick auf sie, und da sprach nicht mehr Tod aus ihren Zügen, sondern klares Leben, und ich erkannte in ihr das Ebenbild Gottes.

Da gedachte ich des ersten Wortes von Gott dem

Herrn: „Du wirst erfahren, was den Menschen inne=
wohnt." Ich wußte jetzt, daß in den Menschen Liebe
wohnt. Es freute sich mein Herz, daß Gott schon Gnade
übte, mir zu offenbaren, was mir verheißen war, und
da lächelte ich das erste Mal ... Doch das Andere
blieb mir in Dunkel gehüllt. Ich wußte noch nicht zu
erklären — was den Menschen nicht gegeben und was
sie am Leben halte.

So lebte ich stille fort bei Euch, bis wieder ein
Jahr herum ging; und da kam ein Mensch angefahren,
Stiefel zu bestellen: zwar so dauerhafte, daß sie, ein
rundes Jahr getragen, weder schief noch schadhaft würden.
Ich blickte zu ihm auf, und plötzlich gewahrte ich hinter
seinen Schultern einen meiner Gefährten — Engel des
Todes. Niemand außer mir sah diesen Engel, aber ich
kannte ihn gut und wußte, daß, ehe die Sonne hinunter,
die Seele dieses Reichen hinweggetragen sein würde. Und
ich erwog bei mir: „Versorgt sich dieser Mensch auf ein
Jahr und weiß nicht, daß er selbst diesen Abend nicht
mehr erleben soll." — Da gedachte ich des andern Wortes
von Gott dem Herrn: „Du wirst erfahren, was den
Menschen nicht gegeben."

Was den Menschen innewohnt, das kannte ich schon
gut. Jetzt erkannte ich dazu, was den Menschen nicht
gegeben. Es ist ihnen nicht zu wissen gegeben, was sie
nöthig haben für ihren Leib. Und da lächelte ich das zweite
Mal. Es freute sich mein Herz, daß ich einen Gefährten
aus dem Himmelreich geschaut und daß mir Gott auch
das zweite Wort geoffenbaret.

Eines nur fehlte mir noch, um Alles klar zu sehen.
Ich mußte noch erfahren, was die Menschen am Leben
halte. Darum lebte ich stille fort unter Euch, hoffend
und harrend, daß Gott mir auch sein drittes Wort offenbaren
möchte. Endlich im sechsten Jahr kamen die herzigen
Mägdlein, das Zwillingspaar, mit der guten Frau, und
ich erkannte die Kleinen und wußte nun auch, daß die
verwaisten Kinderchen am Leben geblieben. Und wieder
erwog ich in meinem Sinn: „So bringend flehte sie
mich an für ihre Kleinen, die verlassene Mutter, und ich
vertraute ihr, glaubte fest, daß ohne Vater und Mutter
die Kindlein nicht am Leben blieben, — aber ein fremdes
Weib hat sich ihrer angenommen und sie auferzogen . . .“
Und als die gute Seele die fremden Kindlein an's Herz
drückte, Thränen der Liebe weinend, da schaute ich in
ihr den lebendigen Gott und erfuhr auch, was die Menschen
am Leben hält. So wußte ich klar, daß Gott mir Sein
drittes und letztes Wort geoffenbaret und meine Schuld
vergeben habe. Da lächelte ich das dritte Mal.“

XII.

Darauf entblößte sich der Körper des Engels, und
er hüllte sich in helles Licht, so daß des Menschen Auge
den Anblick nicht mehr ertrug; und mit überirdisch lauter
Stimme sprach er weiter — gleich einer Mahnung von
des Himmels Höhen:

„Erfahren habe ich, daß jeder Mensch das Leben hat
nicht durch die Sorge um sich, sondern durch die Liebe!“

Der Mutter war es nicht zu wissen gegeben, was ihren Kindlein für's Leben nöthig.

Dem reichen Herrn war es nicht zu wissen gegeben, was ihm zur Stunde Noth that. Und keinem Sterblichen ist es zu wissen gegeben, ob er zum Abend Stiefel auf den lebendigen Leib oder Todtenschuhe für den Leich= nam brauche.

Am Leben blieb ich, da ich Mensch ward, nicht dank meiner Sorge um das eigene Wohl, sondern dank der Liebe eines Menschen, der mich am Wege fand, und dessen Weibes. Sie erbarmten sich meiner Noth und schenkten mir Liebe.

Am Leben sind jene verwaisten Kindlein geblieben, nicht dank der Sorge um ihr Fortkommen, sondern dank der Liebe im Herzen eines fremden Weibes. Sie er= barmte sich der Verlassenen und schenkte ihnen Liebe. Am Leben hält alle Menschen mit nichten das, worum sie kleinlich sorgen, sondern der Gottesfunke, daß Liebe in den Menschen wohnet.

Ehemals wußte ich, daß Gott den Menschen das Leben ertheilt und will, daß sie leben sollen; jetzt habe ich noch Anderes erkannt.

Ich habe erkannt: Es ist nicht in Gottes Willen be= stimmt, daß die Menschen gesondert leben, und darum ist ihnen nicht geoffenbaret, was ein Jeder für sich allein nöthig hat. Gottes Wille ist, daß die Menschen vereinigt leben und darum ist ihnen geoffenbaret, was sie allesammt für Jeden und Alle nöthig haben.

Ich habe erkannt: Kurzsichtige Menschen wähnen,

7

daß sie das Leben durch eigene Mühen erhalten — aber was sie am Leben hält, ist doch einzig wahre Liebe. Wer in der Liebe bleibet, der bleibet in Gott und Gott in ihm, denn Gott ist die Liebe."

Und der Engel sang ein Loblied zu Gottes Preis und Ehr', daß die Hütte von Grund aus erschüttert ward durch die gewaltige Stimme. Das Dach that sich klaffend auf und eine Feuersäule erstand von der Erde bis zum Himmel. Semen und sein Weib mit den Kindern sanken bewußtlos in den Staub. Da entfalteten sich mächtige Schwingen am Rücken des Engels und er schwebte zum Himmel auf.

Als Semen aus der Betäubung erwachte, stand sein Hüttchen unverändert, und Niemand fand sich darinnen außer den Seinigen.

Auf Feuer habe Acht, daß Du es zeitig löscheft.

Evang. Matthäi 18, 21—35.

In einem Dorfe lebte der Bauerwirth Jwan Tscher=
bakow. Er lebte gut; noch rüftig und bei voller Kraft,
war er der wackerfte Arbeiter des Ortes, und drei Söhne
ftanden ihm zur Seite: der ältefte war fchon verheirathet,
der zweite auf Freiersfüßen, der britte, auch bald er=
wachfen, fuhr mit den Pferden aus und machte fein
Probeftückchen im Ackergefchäft. Jwan's Ehehälfte war
ein Weib von klarem Kopf und wirthfchaftlichem Sinn,
die Schwiegertochter war von fanftem Wefen und fleißig
bei der Arbeit. Sogenannte faule Miteffer waren nicht
zu finden auf feinem Hof, — abgerechnet feinen alten
Vater, einen kranken Greis. Athemnoth leidend, lag er
bereits in's fiebente Jahr auf dem Backofen (befte Schlaf=
ftelle im ruffifchen Bauernhaus). Alles hatte Jwan in
reichlicher Fülle — drei Pferde mit einem Füllen, eine

7*

Kuh mit jährigem Kalb, fünfzehn Schafe. Die Weiber
versorgten die Männer mit Fußbekleidung und Wäsche,
leisteten auch Dienste im Feldgeschäft; die Bauern trieben
Ackerbau. — Ihr eigenes Korn reichte immer über die
Neufrucht hinaus. Mit dem Hafer allein konnten sie
alle Abgaben und die Bedürfnisse des Hauses decken.
Leben, nur immer so leben hätte Iwan mit seinen Kindern
mögen . . . Allein Hof an Hof mit ihm lebte ein
schlimmer Nachbar — der Bauer Gawrila Chromoi, Sohn
des Gordei Iwanow. Mit diesem hatte Iwan einen
bösen Hader durch viele Jahre.

Solange der alte Gordei noch am Leben und auch
Iwans Vater die Wirthschaft führte, hatten die Bauern
gut nachbarlich mit einander verkehrt. Brauchten die
Weiber ein Mehlsieb oder einen Zauber, fehlt' es den
Männern an Mattensäcken oder mußten sie ein Rad er-
neuern vor der Zeit, ungesäumt schickten sie hinüber in
den andern Hof und baten um Aushilfe, und so halfen
sie sich gegenseitig, wie es getreuen Nachbarsleuten ziemt.
Hatte ein Kalb sich auf die Tenne verlaufen — man
trieb es weg und bat sich nur aus: „Laß es nicht
wieder vorkommen, denn bei uns, schau, liegt das Getreide
in Haufen." Maßregeln hingegen, als das Zugelaufene
verstecken, auf der Dreschtenne oder im Schuppen einge-
sperrt halten, sich gegenseitig verleumben, waren ganz und
gar nicht im Tagesgebrauch.

So hatte man unter den Alten gelebt. Als aber
die Jungen die Wirthschaft übernommen — da war es
anders geworden.

Die ganze böse Geschichte war aus einem Nichts entstanden, wie aus der blauen Luft gegriffen.

Iwan's Schwiegertochter hatte ein Hühnchen, das frühzeitig Eier legte. Das junge Weib begann fleißig Eier zu sammeln auf das Osterfest. Jeden Gottestag, wenn sie hinausging an den Holzschauer, schaute sie nach im Wagenkasten, ob wieder ein frisches Ei gelegt . . . Doch eines schönen Tages war das Huhn, wohl von den Kindern aufgescheucht, über den Zaun geflogen, zu den Nachbarsleuten in den Hof, und hatte dort ein Ei gelegt. Die junge Bäuerin hört ihr Huhn laut gackern und denkt bei sich: „Jetzt habe ich keine Zeit, muß die Stube aus- putzen zum Feiertag; etwas später will ich hingehen, das Ei zu nehmen." Am Abend kam sie an den Holzschauer, schaute im Wagenkasten nach — kein Ei. Da ging das junge Weib herumfragen bei der Schwiegermutter und den Brüdern ihres Mannes — wer das Ei genommen? — „Nein," sagen sie alle, „wir haben es nicht genommen." Taraska jedoch, ihr jüngster Schwager, erklärt: „Dein Schopfhühnchen hat drüben auf dem Nachbarhof ein Ei gelegt, dort hat es gegackert, von da kam es hergeflogen." Betroffen blickte die Bäuerin nach ihrem Hühnchen; es saß neben dem Hahn auf der Querstange, schloß schon die Augen, wollte einschlafen. Gern hätte das Weib gleich gefragt, wo das Ei geblieben, aber das dumme Vieh hat keine Antwort. Die Bäuerin begab sich zu den Nachbarsleuten. Da lief sie der alten Frau in den Weg.

„Was wünschest Du hier, junges Weibchen?"

„Wisse, Großmütterchen, daß mein Hühnchen heute

zu Euch herüber geflogen — und da möchte ich nach=
fragen, ob es wohl hier ein Ei gelegt hat?"

„Keine Spur davon haben wir gesehen. Wir haben
unsere Hühner, Gott sei Dank, legen schon lange Eier.
Nur unsere Eier pflegen wir aufzuheben, mit fremden
haben wir nichts zu schaffen. Wir, mein feines Täubchen,
haben nicht die Gewohnheit, in fremden Höfen Eier auf=
zuheben."

Das gab der jungen Bäuerin einen bösen Stich.
Sie sagte ein Wort zu viel, die Nachbarin gleich deren
zweie, die Weiber fuhren sich mit Schimpfworten an.
Iwan's Weib schritt Wasser tragend vorüber, mischte sich
in den Streit. Da flog auch die Wirthin von Gawrila's
Hof herzu, fing an der Nachbarin ihr albernes Betragen
vorzuhalten, im Eifer des Gekeifes alte Geschichten auf=
frischend und giftig auch Unwahres beifügend. Immer
ärger prasselte der Wortschwall. Alle kreischten durch=
einander, scharf darauf aus, wo möglich zwei Wörter
auf einmal auszustoßen. Und die Reden waren alle von
der schlimmsten Art: „Du bist eine so und so, Du bist
eine dreimal garstigere; aber Du bist eine Diebin, eine
Schlumpe, Du thust Deines Mannes Vater zu Tode
quälen, Du Unausstehliche! . . . ."

„Und Du bist eine Bettlerin, hast unser Mehlsieb
zerrissen. Und die Wassertrage, welche Du eben hast,
gehört auch uns, gleich gieb die Wassertrage her!"

Sie packten die Wassertrage, verschütteten das Wasser,
zerrissen ihre Tücher, fuhren sich gegenseitig in die Haare.
Gawrila kam gerade von der Feldarbeit heim, nahm sein

Weib in Schutz. Iwan und sein ältester Sohn eilten auf den Lärm herzu, warfen sich zum Haufen. Iwan, ein Bauer von Herkulesgestalt, warf Alle auseinander. Dem Gawrila riß er ein Büschel Barthaar aus. Alles Volk lief zusammen, man hatte Mühe, die Streitenden in Sicherheit zu bringen.

Damit hatte die Sache angefangen.

Gawrila wickelte sein Büschel Barthaar in ein Papier und fuhr damit nach dem Gutsgericht, Prozeß zu führen.

„Ich," erklärt er, „habe mir den Bart nicht dazu wachsen lassen, daß mir der sommerfleckige Wanka das Ding von der Haut reiße."

Sein Weib indessen, auch nicht faul, brüstet sich vor den Nachbarsleuten, man werde den Iwan bald im Ge= richt verurtheilen und nach Sibirien verschicken. Damit goß sie Oel in's Feuer.

Zwar gab sich der alte Bauer, von seinem Ofen herab predigend, alle erdenkliche Mühe, den Frieden wieder herzustellen, aber die junge Welt hatte taube Ohren für sein Gold. Der Greis ermahnte:

„Lauter dummes Zeug, Kinder! Aus eitel Gar= nichts macht Ihr ein groß' Geschrei. Ihr vergesset ganz, daß die arge Geschichte im Anfang nur um ein Hühnerei sich drehte. Haben die Kinder das Ei aufgehoben — nun, in Gottes Namen: in einem Ei steckt ja kein großer Werth. Der liebe Gott hat genug für Alle. Nun, hat die Nachbarin ein häßliches Wort gesagt — mach' Du es besser, gieb ihr ein gutes Beispiel, wie man artig redet. Habt Ihr Euch geschlagen — sündige Menschen alle.

Auch das kommt vor. Nun, so gehet hin und verzeihet Euch, und damit sei Alles zugedeckt. Werdet Ihr aber Böses mit Bösem vergelten — wird es Euch schlimmer und schlimmer ergehen."

Die Jungen mißachteten des Alten Weisheit, sie meinten, alle diese Reden des Alterchen' paßten gar nicht zur Sache, wären nur kindisches Gebrumme hinfälligen Geistes.

Jwan ließ nicht ab von seinem Streit mit Gawrila.

„Ich," erklärte er, „habe ihm den Bart nicht angerührt, er selbst hat sich das Ding ausgerupft, sein Sohn aber hat meine Hemdknöpfe abgerissen und mir das ganze Hemd verdorben. Das laff' ich mir nicht gefallen!"

Und Jwan fuhr nach dem Gutsgericht. In diesem sowohl, als auch vor dem Friedensrichter führten sie ihren Streit und schleppten ihn durch lange Zeit. Unter dem Prozessiren — ging dem Gawrila ein Vornagel von dem Wagen verloren. Dieser fehlende Vornagel gab den Weibern in Gawrila's Haus gleich Anlaß, mit Verleumbung wider einen von Jwan's Söhnen loszuziehen. „Wir," sagten sie, „haben selbst gesehen, wie er Nachts an unserem Fenster vorbei zu dem Wagen ging, und die Gevatterin erzählt, er sei in den Krug gekommen, habe da dem Krugwirth die Ohren voll geblasen mit einem Vornagel." Und wieder zogen sie den Streit vor's Gericht. Zu Hause aber gab's jeden Gottestag garstige Schimpfreden, oder gar Raufen und Kratzen. Auch die Kinder schimpften sich, dem Beispiel der Großen folgend, und

trafen die Weiber am Flüßchen zusammen, so klopften sie
weniger mit den Holzpritschen die Wäsche, als sie mit den
Zungen schnatterten — und immer nur zum Bösen mehr.

Anfangs verleumdeten die Bauern einander; doch in
der Folge kamen auch wahre Beschuldigungen: lag irgend-
was nicht recht am Platz, gleich war es verschleppt.
Auch die Weiber und Kinder merkten sich den neuen
Brauch. Ihr häusliches Leben neigte sich mehr und
mehr zum Argen. In endlosem Hader lagen Iwan
Tscherbakow und Gawrila Chromoi vor der Gemeinde-
versammlung, vor dem Friedensrichter und dem Gutsgericht, so daß auch den Richtern allen das Gezänke zum
Ekel ward. Bald spielte Gawrila dem Iwan einen bösen
Streich, bald umgekehrt Iwan dem Gawrila, und jedes-
mal folgte Geldstrafe oder „kalte Kammer." Je mehr
sie einander Unheil zufügten, desto grimmiger ward die
Feindschaft. Hunde fahren sich bissig an: Je mehr sie
sich herumbeißen, desto wüthender werden sie. Schlägt
man sie von hinten, so meint das Vieh, das wäre ein
Biß von dem andern Hund, und fährt immer hitziger
drein. Nicht anders diese Bauersleute: sie schleppen ihren
Hader vor's Gericht, werden bestraft, bald Dieser, bald
Jener wird mit Geldstrafe oder Gefängniß geschlagen,
und das Alles macht ihre Herzen immer verstockter, immer
bitterer gegen einander. „Warte nur," heißt es, „das
will ich Dir gehörig heimzahlen!" Und so ging es fort
unter ihnen sechs lange Jahre. Allein der Greis auf
dem Ofen hatte immer die gleiche Rede. Er wurde nicht
müde, zu ermahnen und Friedensworte zu predigen.

„Was treibet Ihr, liebe Kinder? Lasset den Haber
fahren, versäumet nicht Euer Tagewerk über dem Rechten
und Richten, heget keinen Groll wieder die Nächsten, und
es wird Euch wohl ergehen. Denn je mehr man der
Bosheit nachhängt, desto schlimmer lebt man."

Der Alte predigte in den Wind.

So ging die Geschichte in's siebente Jahr und drehte
sich endlich darum, daß auf einer Hochzeit Iwan's Schwieger=
tochter den Gawrila vor allem Volk beschimpft, ja gar
beschuldigt hatte, er wäre beim Pferdehandel auf Betrug
ertappt . . . Gawrila, berauscht und sehr gereizt, blieb
seines Grimmes nimmer Herr, schlug das Weib und ver=
letzte es dermaßen, daß die Person eine Woche zu Bett
liegen mußte — und das Weib war in andern Um=
ständen. Das war Iwan wie ein Leckerbissen; alsbald
fuhr er mit einer Klageschrift zum Untersuchungsrichter.
„Halt," sinnt er, „jetzt schaff' ich mir den Plagegeist
vom Halse, er soll mir nach Sibirien fort . . ." Indeß
wieder ging es Iwan nicht nach Berechnung. Der Unter=
suchungsrichter nahm die Klageschrift nicht an. Das Weib
wurde besichtigt: es war aufgestanden, trug keine Spur
der Mißhandlung. Da fuhr Iwan zum Friedensrichter;
auch dieser lehnte die Sache ab und wies den Kläger
an's Gutsgericht. Iwan ließ sich weder Mühe noch Kosten
verdrießen, fuhr nach dem Gutsgericht, gab dem Schreiber
und dem Aeltesten je einen halben Eimer süßen Brannt=
wein und wirkte sich endlich aus, daß man Gawrila zu
einer Tracht Stockprügel verurtheilte. Solches Urtheil
ward dem Gawrila öffentlich verlesen.

So las der Schreiber: „Das Gericht hat erkannt, daß der Bauer Gawrila Gorbejew im Hofe der Bezirks=verwaltung mit zwanzig Stockschlägen auf den Rücken zu be=strafen ist . . . ." Auch Iwan hörte den Urtheilsspruch und lauerte in Gawrila's Züge — wie das auf den Gegner wirken werde? Gawrila, solches Erkenntniß hörend, ward leichenblaß, machte schnell kehrt und ging hinaus auf den Flur. Iwan folgte ihm, wollte zu seinem Gaul, und da erhorchte er — Gawrila murmelt:

„Schon gut," sagt er, „meinen Rücken wird er zer=schlagen, daß er mir brennen wird wie Feuer, aber hüten mag er sich, daß ihm nicht noch schmerzlicher 'was Anderes brenne."

Diese Worte fielen Iwan auf die Seele, schnell kehrte er zu den Richtern zurück.

„Ihr Männer der Gerechtigkeit! Er droht, mir einen Brand zu stiften. Verhört ihn noch einmal, er hat es vor Zeugen gesagt."

Gawrila wurde vorgeladen.

„Ist es die Wahrheit, hast Du solche Worte ge=sprochen?"

„Gar nichts habe ich gesprochen. Laßt mich prügeln, falls Ihr die Macht dazu habt. Ich sehe wohl, daß ich allein für die Gerechtigkeit zu leiden habe, ihm aber geht Alles hin."

Gawrila wollte noch weiter reden, doch über seine Lippen und die Wangen lief ein Zittern, er taumelte wie ein Trunkener, wandte sich ab gegen die Wand. Sogar den Richtern ward es bange beim Anblick solcher

Bitterkeit. „Gott verhüte," erwogen sie, „daß er nicht wirklich ein Unheil stifte an seinem Widersacher, oder an sich selber . . ."

Und der älteste Richter nahm das Wort:

„Hört 'mal ein gutes Wort, meine Brüder: Reicht Euch in friedlicher Absicht die Hände. Du, Bruder Gawrila, hast doch unrecht gehandelt — ein schwangeres Weib zu schlagen! Dein Glück noch, daß Gott es gnädig gewendet, sonst hättest Du eine schreckliche Sünde auf dem Gewissen. Fühlst Du Dein Unrecht? So bekenne die Schuld und beuge den Nacken vor ihm. Er wird Dir verzeihen. Wir werden unser Urtheil anders schreiben."

Dies hörte der Schreiber und fuhr dazwischen:

„Das darf man nicht, denn auf Grundlage des Art. 117 ist eine friedliche Vereinbarung mit nichten zu Stande gekommen, es ist eine gerichtliche Entscheidung erfolgt, und diese Entscheidung muß den gesetzlichen Lauf haben, Gesetzeskraft gewinnen . . ."

Doch der Richter kümmerte sich wenig um diese schöne Rede.

„Genug," sagt er, „der Ohrenkitzelei. Der vor= nehmste Artikel, Bruder, ist allemal nur dieser: Gott sollt Ihr im Herzen tragen, und Gottes Gebot ist, sich brüder= lich vertragen."

Und wieder suchte der Richter die Bauern zum Frieden zu bekehren — doch er predigte zu harten Herzen. Gawrila mochte solche Liebesworte gar nicht hören.

„Im nächsten Jahr," sagte er, „werde ich fünfzig Jahre alt, mein Sohn ist verheirathet, in meinem ganzen

Leben habe ich keine Stockprügel bekommen, und jetzt, in
den alten Tagen, hat mich der sommerfleckige Wanka
einer Prügelstrafe unterworfen, und ich soll noch recht
schön den Nacken vor ihm beugen! Daß Gott — aber
genug ... er soll noch an mich denken, der Wanka!"

Und abermals erzitterte Gawrila's Stimme, daß
er nicht weiter reden konnte. Er kehrte sich ab und
ging hinaus.

Vom Gutsgericht bis an seinen Hof hatte Iwan
zehn Werst zu fahren; am späten Abend kam er zu Hause
an. Die Weiber machten sich gerade auf, dem heim-
kehrenden Vieh entgegen. Er spannte den Gaul aus,
schob den Wagen zurecht und begab sich in die Stube.
In der Stube sah er keine Seele. Die Kinder waren
noch nicht vom Felde zurück, und die Weiber dem Vieh
entgegen. Iwan setzte sich auf eine Bank und hing seinen
Gedanken nach. Klar und deutlich hat er's da vor Augen,
wie dem Gawrila das Urtheil verlesen und wie er dann
leichenblaß geworden und sich schnell abgekehrt nach der
Wand. Und es preßt ihm das Herz. Er fragt sich,
wie es ihm selbst zu Muth sein würde, wäre ihm solche
Strafe zuerkannt. Herzlich leid war es ihm um Gawrila.
Und da hört er: Der alte Vater auf dem Ofen fängt
an zu husten, dreht sich herum, streckt die Füße über
den Rand, kommt herab von seinem Lager. Herunter
klettert der Alte, schleppt sich fort bis an die Bank, läßt
sich nieder. Ganz erschöpft ist er von der entwöhnten
Mühe. Wieder hustet der Greis, dann stützt er sich auf
den Tisch und redet:

„Wie steht's —? Haben sie ihn verurtheilt?"

Iwan antwortet: „Zu zwanzig Stockschlägen verurtheilt."

Der Alte schüttelt mißmuthig das Haupt.

„Arges," sagt er, „mein Sohn, richtest Du an. Ach, so Arges! Nicht ihm, sondern Dir selbst stiftest Du Unheil. Nun, man wird ihm den Rücken vollprügeln — aber was wirst Du davon haben, wird es Dein Leben leichter und besser machen?"

„Künftig wird er es bleiben lassen," bemerkt Iwan.

„Was wird er bleiben lassen? Woran handelt er schlechter als Du?"

Iwan schwoll die Zornesader. — „Du fragst noch, was er mir angethan? Das junge Weib schier zu Tode hat er geschlagen! Und jetzt droht er gar, mir Feuer an's Haus zu legen! Meinst Du, ich sollte ihm schön Dank dafür sagen?"

Schwer seufzte der Greis, dann entgegnete er:

„Du, mein Sohn Iwan, schreitest und fährst frei in der weiten Welt, während ich schon seit langen Jahren immer daheim auf dem Ofen liege; darum wähnst Du in Deinem Sinn, Du schauest Alles klar, ich aber wisse nichts von der Welt. Mit nichten, lieber Junge, Du siehst Alles unklar, denn der Groll verdunkelt Dein Augenlicht. Fremde Sünden schweben Dir allezeit vor, die eigenen läßt Du hinten liegen. Wie magst Du sagen: Er allein stifte das Unheil! ... Käme das Böse von ihm allein, das Uebel wäre nicht so groß. Wird denn das Böse unter den Menschen von einer Seite angerichtet? Das Böse liegt mitten zwischen Zweien. Seine

Schlechtigkeit erkennst Du wohl, die eigene siehst Du nicht. Wäre nur er allein vom Bösen besessen, Du aber rein und gut, das Uebel hätte keinen Grund. Wer hat ihm das Barthaar ausgerissen? Wer jenen Schober Heu auseinander geworfen? Wer ihn vor den Richtern mit Klagen verbittert? Alle Schuld schiebst Du ihm zur Last. Aber selbst führst Du ein Sündenleben, und darum geht es Dir schlecht. Nicht so, Bruder, habe ich gelebt, nicht solches Beispiel Euch gegeben. Ich und der Alte drüben, der Vater des Gawrila, haben es anders gehalten. Wie haben wir gelebt? Gut nachbarlich. War ihm der Mehlvorrath ausgegangen — gleich kam ein Weiblein mit artigem Lächeln: — Onkel Frola, es fehlt uns an Mehl. — Immer zu, hieß es freundlich zur Gegenrede, geh' mal in den Speicher, junges Blut, schütte Dir ab, so viel Du brauchst. Hatte er keinen Jungen frei, mit den Pferden zu schicken — geh 'mal Jwanka, führe seine Pferde hin. Und fehlt' es bei mir an diesem oder jenem, gleich ging ich zu ihm. Onkel Gordei — ich brauche dies und das. Nimm hin, Onkel Frola. So ging es bei uns jahrein, jahraus. Und Alle fühlten sich wohl und glücklich. Was haben wir heute? Denke daran, was neulich jener Soldat von Plewna erzählt hat. Wahrhaftig, Ihr führt einen Krieg, der weit schlimmer ist als Plewna. Ist das noch ein Christenleben? Eitel Sünde und Schande! Du bist der Wirth, der Oberherr im Hause, Du wirst einmal Rechenschaft ablegen. Was hast Du Deine Weiber und Kinder gelehrt? Ein wahres Hundeleben! Vor einigen Tagen hat auch der · kleine

Taraska, der dumme Roßbengel, seine Tante Arina mit
den allergemeinsten Schimpfworten angebellert, und seine
Mutter lachte noch darüber. Ist das eine Ordnung?
Vergiß nicht, daß Du es zu verantworten hast. Geh' in
Dich, mein Sohn, sorge um Deine Seele! Soll das
denn gar kein Ende nehmen? Gerade wie die Heiden:
Du mir eine Ohrfeige — ich Dir gleich zweie. Nein,
Junge, Christus, auf Erden unter den Menschen wandelnd,
hat uns Narren und Sünder Anderes gelehrt: Dir ein
ungutes Wort, Du aber schweige, — ihn wird das Ge=
wissen sein Unrecht lehren. Das ist es, Väterchen, was
er uns aus seiner Gottesweisheit gelehrt. Dir eine Ohr=
feige, Du aber biete ihm die andere Backe: Da, Bruder,
schlage zu, wenn Du mich schuldig findest. Da wird ihn
das Gewissen strafen. Und er wird bemüthig und fried=
selig sich erweisen, Dir auch sein Unrecht abbitten. Sol=
cher Art sind Gottes heilige Gebote, Sünde und Thor=
heit ist Euer aufgeblasenes Loshacken! Warum läßt Du
den Kopf hängen? Rede ich die Wahrheit?"

Schweigend saß Iwan, hörte des Alten Rede.

Der Greis mußte eine Weile husten, hatte Mühe
sich auszuräuspern, nahm endlich wieder das Wort:
„Wähnst Du in Deiner Verblendung, Christus habe uns
schlechte Lehren ertheilt? Hat er denn nicht Alles für
uns, zu unserem Heile gewirkt? Wolle nur das irdische
Leben auch recht betrachten: Ist es Dir besser oder schlimmer
gegangen, seitdem dieses Plewna bei Euch eingerissen?
Zähle doch 'mal zusammen, wieviel von Deinem Hab und
Gut schon an die Gerichte verausgabt, was Du ver=

fahren, was Du verschleudert haft. — Söhne find Dir er=
wachfen, wie die jungen Adler! Solltest leben und schaffen in
heller Luft, immer höher emporgehen — aber Deine Wirth=
schaft bringt den Hof immer mehr herunter. Und woher kommt
das? Alles nur von dem Einen. Von dem Groll und dem
Eigendünkel. Sollst mit den Kindern auf's Feld fahren,
follst ausfäen und die Feldarbeit leiten, und da treibt
Dich der Feind zu den Richtern oder zu einem der
Polizeimenschen. Zur Unzeit pflügest Du, zur Unzeit
fäeft Du, und fie, das Mütterchen, giebt keinen Ertrag.
Warum ist der Hafer heuer fo schlecht gerathen? Wann
haft Du gefät? Als Du von der Stadt zurückgekommen.
Und was hatteft Du von Deinem Prozeß? Dir felber
ein Kreuz an den Hals. Ach, Junge! Habe Dein Tage=
werk im Auge, tummle Dich mit den Kindern im Felde,
und dann kehre in Dein Haus zurück; hat Dir Jemand
ein Unrecht gethan, handle nach Gottes Gebot — ver=
gieb ihm die Schuld, und es wird Dir zum Vortheil
gereichen bei Hab und Gut, es wird Dir das Herz leicht
und froh machen für alle Zeit.“

Schweigend faß Jwan und ließ den Kopf hängen.

„Ich will Dir fagen, Junge, was Du zu thun haft,“
fuhr der Alte fort. „Folge meinem Rath, achte das
Greifenwort. Geh hin, fpanne den Schimmel an, fahre
in der frischen Radfpur wieder nach dem Gutsgericht,
decke den ganzen Streit mit Frieden und geh' dann morgen
in der Frühe zu Gawrila, verföhne Dich nach Chrifti
Brüder Art und lade ihn zum Feftmahl des morgigen
Feiertags (es war juft am Tage vor Mariä Geburt),

ftelle den Samowar auf, laß einen halben Stof Brannt=
wein draufgehen und mache Dich in einem fort aller
Aergernisse ledig, daß sie auch künftig nimmer vorkommen,
auch den Weibern und Kindern befiehl es so . . ."

Ein schwerer Seufzer rang sich aus Iwan's Brust;
im Stillen sann er: „Wahrheit ist's, was der Alte redet;"
und alle Bitterkeit war hin aus seinem Herzen. Nur
wußte er noch keinen Rath, wie die heikle Sache anzu=
greifen, gerade jetzt sich zu versöhnen.

Und wiederum begann der Greis, als hätte er ge=
lesen in des Sohnes Seele:

„Geh', lieber Junge, schieb' es nicht länger auf.
Lösche den Brand gleich im Anfang, greift die Flamme
um sich, wirst Du des Feuers nimmer Herr . . ."

Noch etwas wollte der Greis hinzufügen, doch er
kam nicht mehr zu Wort; die Weiber brachen lärmend
herein und plapperten die Stube voll, gleich jungen
Elstern. Sie hatten alle Neuigkeiten erhascht: daß Gawrila
zu Stockschlägen verurtheilt, daß er mit Feueranlegen
gedroht und was sonst noch drum und dran. Alles hatten
sie herausgebracht und Jedes wohl sein Eigenes hinzu=
gethan; auch mit den Weibern Gawrila's hatten sie schon
wieder Streit gehabt, droben auf dem Weideland. Und
sie fingen an auszukramen, wie Gawrila's Schwieger=
tochter ihnen mit dem Gerichtsschreiber gedroht. Der
Gerichtsschreiber, hieß es, sei dem Gawrila eine große
Macht. Der werde noch die ganze Geschichte auf den
Kopf stellen, und der Lehrer, sagen sie, habe schon eine
Bittschrift an den Zaren selbst gegen Iwan fertig ge=

macht; in dieser Bittschrift seien alle Sachen aufgeschrieben: Von dem Vornagel, von dem Gemüsegarten, von dem Heuschober — kurz, die Hälfte des Grund und Bodens werde bald auf sie übergehen. Solche Reden hörte Iwan, und aufs Neue verstockte sich sein Herz, daß er gleich andern Sinnes ward und keinen Frieden wollte mit Gawrila.

Der Bauerwirth hat immer alle Hände voll zu thun auf seinem Hof. Darum ließ sich Iwan nicht in müssiges Geplauder ein mit den Weibern, sondern stand auf, entfernte sich aus der Stube, lenkte seine Schritte nach der Dreschtenne und dem Schauer. Während er da seine Sachen in Ordnung brachte, sank die Sonne hinter den Hof, und die Kinder kamen von der Feld= arbeit heim, gerade zum Thor herein. Sie hatten ein für Sommerkorn bestimmtes Feld vor Winter aufgeackert. Iwan ging ihnen entgegen, fragte sie aus über den Gang der Arbeit, leistete auch Beistand, jedes Ding an seinen Platz zu schaffen. Ein zerbrochenes Kummet legte er zum Ausbessern beiseite, dann wollte er noch sein Stangenholz unter Dach bringen, doch es wurde schon dunkel: Iwan mußte das Stangenholz liegen lassen: er warf nur dem Vieh frisches Futter vor, machte das Thor auf, ließ Taraska mit den Pferden auf die Straße, zur Nachthut hinaus, schloß dann wieder das Thor, legte das Thor= holz unter.

„Jetzt 'mal zu Abend essen, und dann sich auf's Ohr legen," dachte Iwan; nahm das zerbrochene Kummet und schritt nach dem Haus. Ganz und gar aus dem

8*

Sinn war ihm die Geschichte mit Gawrila, sowie alle gute Belehrung, die ihm der Vater ertheilt hatte. Gerade wie er den Thürring ergriff, um auf den Flur einzutreten, bringt über den Zaun her lautes Schelten an sein Ohr, und er vernimmt des Nachbarn Stimme, die in heiserem Tone herüberschallt: „Zum Teufel mit ihm und seiner Sippschaft, er hat das Maß übervoll gemacht, todt schlagen sollt' ich ihn wie ein Stück Vieh!" Iwan blieb stehen, verharrte ein Weilchen, auf Gawrila's Wuthausbrüche lauschend, schüttelte bedenklich den Kopf und begab sich in's Haus.

Mürrisch betrat er die Stube. Da war schon die Kerze angezündet; die junge Bäuerin saß im Winkel an ihrem Spinnrocken, die alte stellte das Abendessen bereit, der älteste Sohn meisterte sich weiche Schuhe aus allerhand Zeugabfällen, der zweite saß mit einem Buch am Tisch, Taraska schickte sich an, zur Nachthut abzureiten.

Es war Alles so gut und zu Frohsinn lockend in der Stube — wäre nur nicht das alte Uebel gewesen, der schlimme Nachbar, immer da vor der Nase . . .

Finster blickend trat der Wirth zu den Seinen, warf gleich die Katze von der Bank und fuhr die Weiber häßlich an, weil sie das Waschfaß nicht an den rechten Platz gestellt. Bitter und traurig war es Iwan um's Herz. Er ließ sich nieder, runzelte die Stirn, nahm das zu bearbeitende Kummet vor; allein nicht aus dem Sinn wollten ihm die bösen Drohreden des Feindes: was er Schreckliches im Gericht geäußert und was er eben noch mit gräßlich heiserer Stimme Jemandem zugeschrieen: „Todtschlagen sollt' ich ihn wie ein Stück Vieh!"

Indeß ging die alte Bäuerin geschäftig ab und zu: Taraska hatte sein Abendessen sich schmecken lassen, zog jetzt Kaftan und Halbpelz an, schnallte den Gürtel um, nahm ein Stück Brod auf den Weg und ging hinaus auf die Straße, zu den Pferden. Der älteste Bruder wollte aufstehen, ihn zu begleiten, aber Iwan hieß ihn bleiben und ging selbst mit Taraska vor das Haus. Draußen war es schon völlig dunkel, der Himmel hatte sich bezogen, ein kalter Wind strich über den Hof. Iwan stieg die Vortreppe hinunter, half seinem Jüngsten auf's Pferd, trieb das junge Füllen ihm nach und stand noch eine Weile, in die Dunkelheit schauend und hinhorchend, wie der Taraska die Dorfstraße hinab ritt, wie er als= bald mit andern jungen Pferdehütern zusammentraf, und wie sie alle zusammen aus der Hörweite fort trabten. Lange noch stand Iwan stille am Thor, und immer wieder gellt es ihm in den Ohren von der schrecklichen Drohung Gawrila's: „Nur möge er sich hüten, daß ihm nicht schmerzlicher 'was Anderes brenne . . ."

„Sich selber," sinnt Iwan, „wird er mit in's Unglück reißen. Alles umher ist pulvertrocken, dazu dieser scharfe Wind. Ob er wohl irgendwo von der Hinterseite sich anschleichen möchte, Feuer anzulegen, und schnell wieder davon; wird mir den Brand stiften, der Bösewicht, und dazu noch Recht behalten. Alle Wetter, wenn ich ihn dabei ertappte, er sollte mir nicht mehr . . ."

So fest setzte sich Iwan dieses Gräßliche in den

Kopf, daß er nicht zur Haustreppe zurück, sondern auf
die Straße ging, vor seinem Thor und weiterhin verstohlen auszulauern. „Will doch 'mal einen Rundgang
machen um den Hof. Wer weiß, was mir der Böse da
für Streiche spielt." Und Iwan schritt langsam den
Hof entlang. Als er um die Ecke bog, spähte er am
Zaun hinab, und da schien es ihm, als bewegte sich
etwas an der andern Ecke, bald sich hervorstreckend, bald
wieder sich duckend: Wie angewurzelt stand Iwan, den
Athem verhaltend — mit seinem ganzen Wesen in Augen
und Ohren. Alles blieb still, nur der Wind fuhr raschelnd
durch das dürre Laub der Sträucher und rauschte über
das Stroh hin. Eben war es stockdunkel, daß auch die
Hand vor den Augen kaum zu sehen, aber gleich darauf
schien sich das Auge einzufinden in die Nacht: und da
schaut Iwan die ganze Ecke, den Hakenpflug und das
Vordach. Noch eine Weile stand er so, strengte die
Augen an, doch kein Mensch war zu sehen.

„Offenbar nur so ein Flimmern vor den Augen,"
sagte sich Iwan; „aber einmal rundgehen will ich nun
doch . . ." und wie ein Dieb stahl er sich weiter am
Schauer entlang. Fast lautlos trat er auf mit seinen
Bastschuhen, so daß er selbst von seinen Tritten gar nichts
hörte. Wie er zur nächsten Ecke gekommen, prallt er
zurück: vor seinen Augen war da etwas aufgeblitzt und
wieder verschwunden. Eiskalt lief es ihm über den
Rücken und sein Herz klopfte zum Zerspringen; er stand
wie versteinert. Nur einen Augenblick noch — und an
jener selben Stelle lodert es heller auf und ist deutlich

zu sehen — daß ein Mann, niedergekauert, mit dem
Rücken zu ihm, eine Fellmütze auf dem Kopfe, an der
Ecke sich zu schaffen macht — ein Bündel Stroh hat
er in der Hand — und er zündet es an. Immer
stürmischer pochte Iwan's Herz in der breiten Brust, alle
Kräfte spannte er an und bewegte sich vorwärts mit
langen Schritten. Er fühlte den Boden nicht unter den
Füßen. „Halt," denkt er, „jetzt soll er mir nicht ent=
wischen, auf frischer That will ich ihn fassen!"

Noch keine drei Schritte hatte Iwan genommen,
als es mit einem Mal lichterloh aufflackerte, und zwar
nicht mehr an jener Stelle und auch kein geringes Feuer=
lein, sondern eine mächtige, hochaufzüngelnde Flamme;
das ganze Stroh war ein Feuer, gerade unter dem Vor=
dach, schon leckte die Lohe wild zum Dach hinauf:
und Gawrila stand dabei, klar und deutlich war er
zu sehen.

Wie der Habicht auf die Lerche — so grimmig
fuhr Iwan jetzt auf sein Opfer los. — „Die Hände
will ich ihm binden, diesmal soll er mir nicht davon=
kommen . . ." Gawrila indeß hatte ein Geräusch gehört,
er blickte um sich und — weg war er im Galopp,
hoppelte wie ein Hase am Schauer entlang.

„Entwischen sollst Du mir doch nicht!" brüllte Iwan
und flog ihm nach.

Eben recte er die Hände aus, den Flüchtling beim
Kragen zu packen, da entschlüpfte ihm Gawrila unter
den Händen, und Iwan verfing sich an einem Stangen=
vorstück. Die Stange brach, Iwan fiel herunter. Wie

der Blitz fuhr er wieder auf: „Zu Hülfe! fasset ihn!"
schrie er aus Leibeskräften und lief was er konnte.

Während er sich aufgerafft, hatte Gawrila den eigenen Hof glücklich gewonnen; aber auch da verfolgte ihn
Iwan. Und wieder wollte er gerade nach ihm greifen,
als plötzlich irgend ein Ding ihm steinhart wider das
Haupt prallte, daß ihm alle Sinne schwanden. Gawrila,
in seiner Noth, hatte eine Eichenstange aufgehoben, und
wie der Verfolger zu ihm angelaufen, aus voller Kraft
ihm auf den Kopf geschlagen.

Wie trunken taumelte Iwan, aus seinen Augen
sprühten Funken, dann ward es Nacht um ihn, er sank
in Ohnmacht. Als er wieder zu sich kam, war Gawrila
nicht mehr da; hell war es wie am lichten Tag, und
von der Seite, wo sein Hof lag, kam ein Rauschen und
Knistern, fortwährend wie der Maschine Gang. Iwan
kehrte sich rasch um, und da sah er, daß sein ganzer
Hinterschauer ein Raub der Flammen, der Seitenschauer
auch schon feurig umzüngelt; Feuer, Qualm, glimmendes
Stroh mit dem Rauch — Alles trieb der Wind auf
sein Haus.

„Was ist das, Brüderchen?!" schrie Iwan mit hohler
Stimme, fuhr mit den Händen auf und schlug sich die
Seiten. „Hätt' es ja nur herausziehen sollen aus dem
Vordach und zertreten!"

Laut aufschreien wollte Iwan, aber das Herz in
der Brust war wie geklemmt, der Athem schwer, und die
Stimme kam nicht heraus. Wie der Wind hinfliegen
wollte Iwan — die Füße versagten ihm den Dienst,

schurrten nur wie bleiern vor. Er ging im Schritt, kam eine Spanne vor, und wieder ging ihm der Athem aus. Mußte stille halten, nach Luft schnappen, dann konnte er weiter gehen. Indessen er den Schauer umging und bis zu dem Schabenfeuer kam, stand auch der Seitenschauer ganz in Flammen, und das Thor und eine Ecke des Hauses waren schon ergriffen; auch aus dem Wohnhaus züngelte die Flamme, und der Zugang in den Hof war gesperrt. Alles Volk aus dem Dorf war zusammenge= laufen, aber dem Uebel war nicht beizukommen. Die Nachbarn retteten ihre Habseligkeiten und trieben das Vieh von ihren Höfen. Nach Jwan's Hof kam der Gawrila's an die Reihe; es erhob sich ein Wind, das Feuer zog sich auf die andere Seite der Straße. Wie mit dem Kehrbesen fegt' es das halbe Dorf hinweg.

Bei Jwan wurde mit knapper Noth der Greis ge= rettet, und die Andern waren herausgesprungen, wie sie gerade waren, alle Sachen im Stich lassend. Außer den Pferden in der Nachthut ging alles Vieh in den Flammen zu Grund, selbst die Hühner verbrannten auf den Sitz= stangen: Wagen, Pflüge, Eggen, der Weiber Kasten, das Korn auf dem Fruchtbroden, Alles verbrannte.

Bei Gawrila wurde das Vieh gerettet und etlicher kleine Kram den Flammen entrissen.

Lange noch, die ganze Nacht hindurch, brannte es fort. Jwan stand in der Nähe seines Hofes, starrte in's Feuer und murmelte immer noch vor sich hin: „Was ist das, Brüderchen?! Hätt' ich es doch herausgerissen und zertreten!" Doch als die Zimmerdecke seines Hauses krachend zusammenbrach, da raste er wie toll mitten in den Brand, packte einen halbverkohlten Balken und zerrte ihn hervor aus dem Feuer. Die Weiber, solches Thun gewahrend, riefen ihn zurück, doch Iwan holte seinen Balken und ging nach einem zweiten aus — aber da wankte er und fiel in's Feuer. Sein ältester Sohn flog ihm nach und schleppte ihn heraus. Das Haupthaar und der Bart waren versengt, seine Kleider durchgebrannt, die Hände verschrammt, und er spürte es gar nicht. „Der Kummer hat ihn zum Narren gemacht," urtheilte das Volk. Die Wildheit des Feuers ließ allmählich nach. Iwan stand immer noch mit starrem Blick und murmelte wie närrisch: „Brüderchen, was ist das?! Nur schnell her= ausreißen . . ."

Am andern Morgen schickte der Dorfälteste seinen Sohn zu Iwan.

„Onkel Iwan, Dein Vater liegt im Sterben, er läßt Dich rufen, daß er Dich segne vor dem Scheiden."

Ganz vergessen hatte Iwan den alten Vater, und er begriff gar nicht, was man von ihm wolle.

„Was für ein Vater?" fragte er. „Und wen läßt er rufen?"

„Dich läßt er rufen, Onkel Iwan, daß er Dich segne zum letzten Mal; er ist in unserem Haus und liegt in den letzten Zügen. Eilen wir, lieber Onkel!.. "
Mit Mühe erfaßte Iwan das Gesagte und folgte endlich dem Sohne des Aeltesten.

Den Greis, wie sie ihn herausgetragen, hatte ein brennender Strohbund getroffen und ihn gefährlich verletzt. Man hatte ihn in's Haus des Aeltesten verbracht, in's abgelegene Vordorf. Dieses Vordorf blieb von dem Feuer verschont.

Als Iwan zu seinem Vater kam, fand er in der Stube nur noch die alte Mutter des Aeltesten, und ein paar Kinderchen auf dem Ofen. Die Andern waren beim Feuerschaden. Der Greis lag auf einer Bank, hielt eine Kerze in der Hand und warf ängstlich suchende Blicke nach der Thür. Als sein Sohn eintrat, zeigte er eine leise Bewegung. Die alte Frau trat zu ihm und sagte, daß der Sohn jetzt gekommen. Der Greis hieß ihn näher treten. Iwan folgte dem Ruf, und der Alte begann mit matter Stimme:

„Nun, armer Junge, was hab' ich Dir gesagt? Wer hat das Dorf verbrannt?"

„Er, Väterchen." sagte Iwan, „bei Gott, er, ich habe ihn dabei ertappt! Vor meinen Augen hat er brennendes Stroh in's Dach gesteckt. Nur herausreißen hätt' ich es sollen, das Büschelchen Stroh mit dem Feuer, es mit den Füßen zertreten, und gar nichts wäre gewesen . . ."

„Höre mich an, mein Sohn," unterbrach ihn der Greis: „Mein Stündlein ist gekommen, auch Dir wird es einmal kommen. Wessen ist die Schuld?"

Iwan starrte wie blöde auf den Vater und schwieg — er konnte kein Wort herausbringen.

„Vor dem ewigen Gott — sage mir: wessen ist die Sünde? Was hab' ich Dir gesagt?"

Da endlich fielen Iwan die Schuppen von den Augen und er sah wieder klar. Laut aufschluchzend sank er vor dem Vater auf die Kniee und mit thränenerstickter Stimme murmelte er: „Mein ist die Schuld, Väterchen. Vergieb mir, um Christi willen, ich habe mich versündigt vor Dir und vor Gott!"

Der Greis fuhr mit zitternden Händen über seine Brust, nahm die Kerze in seine linke Hand, mühte sich, die rechte an seine Stirn zu heben, sich zu bekreuzigen, doch er kam nicht zu Stande damit, ließ sie schlaff herabsinken.

„Lob und Preis Dir, ewiger Gott! Lob und Preis Dir, Jesus Christus!" sprach er warm bewegt — dann drehte er die Augen wieder nach dem Sohn.

„Iwan! Hörst Du mich, Iwan?"

„Ich höre, Väterchen."

„Was soll man jetzt beginnen?"

Iwan schluchzte laut.

Ich weiß nicht, Väterchen," sagte er, „wie wir nun weiter leben sollen?"

Der Greis schloß die müden Augen, bewegte wie langsam kauend den Mund, wohl seine letzten Kräfte sammelnd; dann öffnete er die Augen und sprach mit klarer Stimme:

„Ihr werdet gut leben. Mit Gott werdet Ihr leben und es wird Alles gehen . . ."

Eine Weile schwieg er; ein seliges Lächeln verklärte seine Züge. Dann sprach er wieder:

„Nur hüte Deine Zunge, Wanka, sage niemals, wer

das Feuer gelegt. Decke Deines Nächsten Sünde, und Gott wird Dir's doppelt gesegnen."

Dann nahm er die Kerze in beide Hände, faltete sie auf seiner Brust, athmete noch einmal tief, streckte sich und verschied.

Iwan sagte kein böses Wort gegen Gawrila, und keine Seele erfuhr, woraus der Feuerschaden entstanden.

Der alte Groll war Iwan aus dem Herzen, und Gawrila mußte nur staunen über die seltsame Wandlung bei dem Sommerfleckigen, und daß derselbe das arge Geheimniß gar noch hüten half. Im Anfang ging ihm Gawrila scheu aus dem Weg, aber nach und nach gewöhnte er sich in's Neue. So hörten die Wirthe auf zu streiten, und die Familien folgten ihrem Beispiel. Während der Bauzeit behalfen sich die beiden Familien in einem Hof; und als das Dorf neu aufgebaut war, die schmucken Gehöfte weiter auseinander verlegt, — blieben Iwan und Gawrila nach wie vor die allernächsten Nachbarn im alten Nest.

Fortan lebten Iwan und Gawrila schön nachbarlich, gerade so, wie ihre Väter es gehalten. Stets eingedenk ist der Bauer Tscherbakow der goldenen Lehre seines Vaters und der göttlichen Mahnung, daß man das Feuer zeitig lösche.

Und hat ihm Jemand einen Schaden gethan, da sucht er Gelegenheit, nicht an dem Schädiger sich zu rächen, sondern die Sache zum Frieden zu kehren; und reizt ihn

Jemand mit bösen Worten, da gewinnt er's über sich, nicht mit Bösem zu vergelten, sondern den Lästerer zu belehren, daß gute Worte besser fruchten. Desgleichen lehrt er auch seine Weiber und die Kinder. So besserte sich Iwan Tscherbakow und hatte mehr Freude am Leben, als in früheren Tagen.

Verlag von Carl Reißner in Leipzig.

Der große Kurfürst
in Preußen.
Von
Ernst Wichert.

Erste Abtheilung: Konrad Born.
Geh. M. 6,—. Eleg. geb. M. 7,—.
Zweite Abtheilung: Der Schöppenmeister.
2 Bände. Geh. M. 7,—. Eleg. geb. M. 8,—.
Dritte Abtheilung: Chr. Ludw. v. Kalckstein.
2 Bände. Geh. M. 7,—. Eleg. geb. M. 8,—.

So zeigt sich diese Erzählung nach jeder Richtung hin als eine meisterliche Schöpfung in diesem Genre und erfüllt alle Ansprüche, die man an ein
kulturhistorisches Werk stellen kann. **Rigasche Zeitung.**

Wichert hat in diesem neuen Werke einen kulturhistorischen Roman ge-
schaffen, der zum Vergleich mit der Gegenwart mächtig anregt, und welcher
reich ist an gemüthvollen Zügen und poetischen Schilderungen. Die letzteren
fügen dem düsteren Zeitbilde helle Farben bei und verleihen demselben viel
heiteren Glanz. **Volks-Zeitung.**

Jeder, der sich für die Geschichte unseres Vaterlandes interessirt und den
Zuständen, Geschicken und Menschen Ostpreußens Sympathie entgegenbringt,
wird den Wichert'schen Roman als eine Leistung von bleibendem Werth an-
erkennen müssen, durch welche der Dichter den Besten seiner Zeit genug gethan hat. **Eugen Zabel** in der „Königsberger Allgem. Zeitung."

Heinrich von Plauen.
Historischer Roman. Dritte Auflage.
Von Ernst Wichert.
3 Bände. Geheftet M. 9,—. Elegant gebunden M. 12,—.

Es ist immer erfreulich, wenn der rechte Mann das rechte Buch schreibt,
d. h. der Berufenste einen günstigen, einladenden, dankbaren Stoff ergreift.
Das ist hier im besten Sinne des Wortes geschehen.
Prof. Felix Dahn
im „Magazin für die Literatur des In- und Auslandes."

Wer an den historischen Romanen von Scheffel, Freytag, Dahn Freude
und Erhebung gefunden hat, wird diesen mit voller Befriedigung Wichert's
„Heinrich von Plauen" folgen lassen. **Blätter für literar. Unterhaltg.**

Wir wünschen, daß das schöne Werk werde, was es verdient, eine
Zierde jeder deutschen Haus- und Familienbibliothek.
Königsberger Hartung'sche Zeitung.

Eine Bestätigung dessen, was wir vor Kurzem über die meisterliche Be-
handlung historischer Stoffe von Seiten Wichert's sagten, können unsere
Leser aus der jetzt nothwendig gewordenen dritten Auflage des „Heinrich
von Plauen" ersehen. Der große Beifall, welchen hiernach dieser umfang-
reiche, dem Leser anscheinend stofflich ziemlich fernliegende Roman bei dem
Volke gefunden hat, spricht doch gewiß dafür, daß es der Autor wohl versteht, den rechten Ton und die rechte Weise, welche zu Herzen bringen, an-
zuschlagen. **Leipziger Tagebl.**

Mutter und Tochter.
Eine littauische Geschichte
von
Ernst Wichert.
Geh. Mt. 2,—. Fein gebunden mit Goldschnitt Mt. 3,—.

Bekanntlich sind die littauischen Geschichten eine Spezialität des geschätzten Autors, in der er keinen Rivalen hat. Die Kritik hat die früheren Erscheinungen dieser Gattung als novellistische Schöpfungen besonderer Art und als werthvolle Beiträge zur Culturgeschichte anerkannt, aber auch in den weiteren Kreisen des Publikums sind dieselben beachtet und gebührend gewürdigt worden. „Mutter und Tochter" ist nicht nur den früheren littauischen Geschichten ebenbürtig, sondern überragt dieselben als künstlerisch abgerundete Dichtung in einer Weise, daß die Verlagshandlung sich veranlaßt gesehen hat, das Werkchen nicht in einem Sammelbande, sondern als vornehm ausgestattete, zu Geschenkzwecken geeignete Separatausgabe erscheinen zu lassen.

Littauische Geschichten.
Von
Ernst Wichert.
Geh. Mt. 5,—. Eleg. geb. Mt. 6,—.

Ernst Wichert hat sich in den „Littauische Geschichten" als ebenso feiner Beobachter wie glücklicher Schilderer bewährt, und gezeigt, daß er auch als Novellist Ausgezeichnetes zu leisten vermag. Diese Erzählungen besitzen dauernden Werth, und zwar nicht nur als werthvolle Beiträge zur Culturgeschichte, sondern auch als novellistische Schöpfungen besonderer Art.

Magazin für die Literatur des In- und Auslandes.

Wichert ist im erfreulichen Gegensatz zu manchen vielgelesenen Autoren immer ein ehrlicher Darsteller; wir haben die Empfindung, auf festem Boden zu stehen und wahres Menschenschicksal kennen zu lernen, nicht erkünsteltes, sensationell aufgebauschtes. **Deutsche Rundschau.**

Von der deutschen Nordost=Mark.
Vier preußische Historien.
Von
Ernst Wichert.
Geh. Mt. 6,—. Eleg. geb. Mt. 7,—.

Inhalt: Der Schulmeister von Lablau. — Rest, die Salzburgerin. — Das Bannrecht. — Fanchon.-

Wie kein zweiter lebender Schriftsteller kennt Ernst Wichert Land und Leute der „deutschen Nordostmark," und ihre Geschichte ist ihm ein Buch voll lebendiger Gestalten. Nichts ist erfreulicher inmitten unserer Modeliteratur, die an allen Ecken und Enden mit historischen und ethnographischen Lokalfärbungen kokettirt und den Geist der Zeiten durch geschrobene Wort- und Satzbildungen beschwören zu können meint, als die bescheidene und feinfühlige Art, in der Wichert das Kolorit des Ausdrucks behandelt. **Königsberger Hartung'sche Zeitung.**

Druck von Oswald Schmidt in Reudnitz-Leipzig.